www.dongyangbooks.com

새로운 도서, 다양한 자료
동양북스 홈페이지에서 만나보세요!

홈페이지 활용하여 외국어 실력 두 배 늘리기!

홈페이지 이렇게 활용해보세요!

1 도서 자료실에서 학습자료 및 MP3 무료 다운로드!

❶ 도서 자료실 클릭
❷ 검색어 입력
❸ MP3, 정답과 해설, 부가자료 등 첨부파일 다운로드

* 원하는 자료가 없는 경우 '요청하기' 클릭!

2 동영상 강의를 어디서나 쉽게! 외국어부터 바둑까지!

500만 독자가 선택한

가장 쉬운
독학 일본어 첫걸음
14,000원

가장 쉬운
독학 중국어 첫걸음
14,000원

가장 쉬운
프랑스어 첫걸음의 모든 것
17,000원

가장 쉬운
독일어 첫걸음의 모든 것
18,000원

가장 쉬운
스페인어 첫걸음의 모든 것
14,500원

버전업! 가장 쉬운
베트남어 첫걸음
16,000원

버전업! 가장 쉬운
태국어 첫걸음
16,800원

가장 쉬운
러시아어 첫걸음의 모든 것
16,000원

가장 쉬운
이탈리아어 첫걸음의 모든 것
17,500원

첫걸음 베스트 1위!

가장 쉬운
포르투갈어 첫걸음의 모든 것
18,000원

가장 쉬운
터키어 첫걸음의 모든 것
16,500원

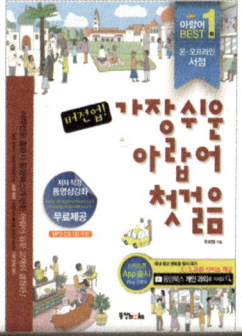
버전업! 가장 쉬운
아랍어 첫걸음
18,500원

가장 쉬운
인도네시아어 첫걸음의 모든 것
18,500원

가장 쉬운
영어 첫걸음의 모든 것
16,500원

버전업! 굿모닝
독학 일본어 첫걸음
14,500원

가장 쉬운
중국어 첫걸음의 모든 것
14,500원

동양북스
www.dongyangbooks.com
m.dongyangbooks.com

중국어뱅크

내 손 안의 공식!

내공
중국어 ②

김현철·강미진·육영화·조매염 외 지음

동양북스

**중국어뱅크
내공 중국어 ❷**

초판 인쇄 | 2017년 7월 20일
초판 발행 | 2017년 7월 25일

지은이 | 김현철·강미진·육영화·조매염 외
발행인 | 김태웅
편집장 | 강석기
책임 편집 | 김효수
디자인 | 방혜자, 이미영, 김효정, 서진희
마케팅 총괄 | 나재승
마케팅 | 서재욱, 김귀찬, 이종민, 오승수, 조경현
온라인 마케팅 | 김철영, 양윤모
제　작 | 현대순
총　무 | 한경숙, 안서현, 최여진, 강아담
관　리 | 김훈희, 이국희, 김승훈, 이규재

발행처 | (주)동양북스
등　록 | 제 2014-000055호(2014년 2월 7일)
주　소 | 서울시 마포구 동교로22길 12(04030)
전　화 | (02)337-1737
팩　스 | (02)334-6624

http://www.dongyangbooks.com

ISBN 979-11-5768-277-5 14720
ISBN 979-11-5768-271-3 (세트)

ⓒ 2017, 김현철 외

▶ 본 책은 저작권법에 의해 보호를 받는 저작물이므로 무단 전재와 복제를 금합니다.
▶ 잘못된 책은 구입처에서 교환해드립니다.
▶ 이 책은 中國 國家漢辦의 〈國際漢語教學資源開發基金項目〉의 지원으로 제작되었습니다.

이 도서의 국립중앙도서관 출판예정도서목록(CIP)은 서지정보유통지원시스템 홈페이지(http://seoji.nl.go.kr)와
국가자료공동목록시스템(http://www.nl.go.kr/kolisnet)에서 이용하실 수 있습니다.
(CIP제어번호:2017016657)

머리말

새로운 학습을 위한 첫걸음을 내딛는 용기 있는 사람들에게

우리는 외국어를 학습하면서 여러 가지 공식과 패턴, 그리고 형식들을 익혀 갑니다. 하지만 이것들보다 더 중요한 것이 있습니다. 바로 학습법입니다. 이미 언어마다 만들어져 있는 언어의 반복되고 고정화된 공식들을 우리가 어떻게 학습하느냐가 무척 중요합니다.

이제는 **방법**을 바꾸어야 합니다!

인간의 머릿속에 들어 있는 무한한 활동력으로 언어의 데이터를 제대로 배워 나가야 합니다. 앞으로 우리가 살아갈 세상에서 외국어 학습은 더 이상 머리 아프고 우리를 괴롭히는 복잡한 과정은 아닐 것입니다. 언어의 유전자, 즉 각 언어가 갖고 있는 언어 현상에 대한 지도를 보게 되면, 이것을 잘 수집해서 우리 몸에서 받아들이는 대로 훈련하고 학습하게 할 수 있는 **패턴**을 찾을 수 있습니다.

언어마다 고유한 **공식**이 존재함을 믿고 그것을 꿰뚫어 볼 수 있는 방식으로 접근해 나갈 것입니다. 그렇게 되면 학습자에게 엄청난 반복 효과와 데이터가 쌓이게 되고, 그러면서 응용과 활용을 통해 우리의 언어행동 습관을 바꿀 수 있게 됩니다. 언어 데이터는 이미 완성된 게 아니라 앞으로 우리가 제대로 써야 할 언어 자원입니다.

미래에 우리는 외국어라는 큰 정보의 서비스에서 헤맬지도 모릅니다. 너무 많은 것들이 우리에게 노출되어 있기 때문입니다. 모국어 화자가 아닌 이상 '습득'과 '학습'을 통해 얻어지는 외국어에 대한 지식은 제한된 틀 속에서 벗어날 수가 없습니다.

우리의 머릿속에서 무한한 가능성을 열어 준 인터넷처럼 여러분에게도 신기하면서 절대 필요한 **공식**과 **패턴**을 전해 드리려고 합니다.

여러분의 결정이 새로운 미래를 담보할 것입니다. 한 언어의 공식을 통해 여러분은 14억의 중국인과 연결되어 대화할 수 있게 될 것입니다. 그들의 반응 시스템과 방식은 언어 데이터, 즉 중국어의 본질에 한층 더 가까이 갈 수 있는 유일한 매개가 될 것입니다.

중국어의 내용을 채워 넣지 않고 빼 쓰기만 하면 전체 언어의 생태계가 무너지게 됩니다. 그래서 우리는 우리만의 중국어 학습법을 열심히 만들어 나가야 합니다. 멋진 미래를 위해서 투자를 하듯 올바른 선택으로 중국어를 정복할 수 있습니다. 이런 외국어 학습 문화가 형성되는 것이 매우 중요합니다. 바로 중국어를 우리의 것으로 만들려고 하는 외국어 학습 문화입니다. 이런 문화가 구축될 수 있는 기반은 바로 여러분, 학습자입니다.

우리를 둘러싼 새로운 외국어와 문화에 대한 에너지는 지금 우리가 배우고 있는 중국어에서 찾아야 하고, 그 변화가 우리에게 좋은 결과를 가져다 줄 것을 믿고 따르시기 바랍니다. 우리는 그것을 가능하게 할 도구를 손에 쥐고 있습니다.

내 손 안의 공식 중국어!

이제는 여러분의 적극적인 참여가 필요합니다. 그리고 즐겁게 목표점을 향해 항해하는 일만 남았습니다. 응원하겠습니다. 변하는 자만이 살아남는 세상입니다. 이런 진리가 여러분을 자유롭게 중국어 여행에 동참시켜 줄 것입니다. 달콤한 학습의 개혁에 동참하지 않으시렵니까?

祝愿大家奋发努力，好好学习，日日改进，天天向上，学有所成，及时行乐，加油！

2017년 봄 延世 哲山书室에서
저자 일동

이 책의 특징

『내공 중국어』는 중국어가 가지고 있는 고유한 공식과 패턴을 통해 엄청난 언어 데이터를 쌓고, 응용과 활용을 통해 언어행동 습관을 바꿀 수 있도록 하는 새로운 학습법을 제시하고 있습니다. 본 교재는 다음 네 가지 영역으로 구분하여 학습하도록 권합니다.

주 교재

『내공 중국어』의 메인 교재로서, 중국어의 필수 공식을 통한 반복 교체 연습으로 막연한 회화 연습이 아닌 간단한 구조 학습을 통해 다양한 문장을 말할 수 있도록 합니다.

어법책

『내공 중국어』의 서브 교재로서, 필요한 경우 최소한의 어법 지식으로 중국어의 규칙을 학습하여 한국인들이 한국어의 구조로 인해 많이 하는 실수를 줄이도록 합니다.

단어장

『내공 중국어』의 단어장으로서, 항상 휴대하여 학습할 수 있도록 단어장 형태로 제작되었으며, 단어의 용법과 문장에서의 쓰임, 작문 연습 등을 다양하게 학습할 수 있습니다.

워크북

『내공 중국어』의 연습 교재로서, 발음에서부터 학습한 공식과 단어를 읽기-듣기-말하기-쓰기 네 영역에서 골고루 연습할 수 있습니다.

 mp3

주 교재, 단어장, 워크북에 들어가는 내용의 녹음을 홈페이지(www.dongyangbooks.com)에서 다운로드하실 수 있습니다.

교사용지도서

교수-학습에 필요한 상세한 지도 내용을 담은 〈교사용지도서〉를 제공하고 있습니다.

활용법

❶ 주제 문장 익히기

매 과의 첫 페이지에는 핵심 문장과 더불어 과에서 배울 내용과 연관된 삽화가 제시됩니다.
핵심 문장은 해당 과에 전반적으로 흐르는 학습 내용과 연결된 가장 중요한 문장으로 반드시 여러 번 말하고 쓰며 해당 과에서 배울 내용에 대한 준비를 합니다.

❷ 공식 익히기

매 과마다 4개의 공식이 제시됩니다. 먼저 문장이 어떤 구조로 이루어졌는지 파악한 다음 핵심 단어를 교체하며 연습합니다. 반복되더라도 반드시 입으로 소리 내어 모든 문장을 읽도록 합니다. 쓰면서 연습하는 것도 좋은 방법입니다. 병음 읽기가 어느 정도 익숙해지면 중국어만 보며 읽는 연습을 합니다. 성분별로 단어를 구분하여, 문장 구성을 한눈에 확인할 수 있으므로 문장성분이나 품사를 반드시 익히도록 합니다.

❸ 회화 연습하기

회화 연습 코너입니다.
자유롭게 친구와 대화해 보세요.
혹은 혼자서 대화하듯 말해 보세요.
단어를 바꾸어 말하는 부분은 반드시 앞뒤 대화문과
함께 여러 번 반복하여 연습하도록 합니다.
원어민의 녹음을 듣고 따라 말하는 것도 좋으며
발음과 성조가 입에 익어 익숙해질 때까지 반복
연습하세요.

이 책의 차례

머리말   3
이 책의 특징   4
활용법   5

1 연동문
- 공식01 주어+동사1+동사2   10
- 공식02 주어+동사1+동사2+빈어   12
- 공식03 주어+동사1+빈어1+동사2+빈어2   14
- 공식04 주어+동사+빈어+동사중첩   16
- 聊一聊 회화 연습하기   18

2 过
- 공식05 동사+过   20
- 공식06 동사+过+빈어   22
- 공식07 동사+过+X次+빈어   24
- 공식08 동사+过+没有？   26
- 聊一聊 회화 연습하기   28

3 비교문
- 공식09 주어+比+빈어+형용사   30
- 공식10 주어+比+빈어+更/都/还/稍微+형용사   32
- 공식11 주어+比+빈어+형용사+一点儿/一些/得多/多了   34
- 공식12 주어+有/没有+빈어+형용사   36
- 聊一聊 회화 연습하기   38

4 보어
- 공식13 주어+동사+결과보어+了   40
- 공식14 주어+동사+得+가능보어   42
- 공식15 주어+동사/형용사+得+정도보어   44
- 공식16 동사+빈어+동사+得+정도보어   46
- 聊一聊 회화 연습하기   48

5 부사
- 공식17 부정부사 不/没/别   50
- 공식18 시간부사 已经/刚刚/马上   52
- 공식19 시간부사 才/就   54
- 공식20 빈도부사 又/也/再   56
- 聊一聊 회화 연습하기   58

6 개사1
- 공식21 개사 从   60
- 공식22 개사 离   62
- 공식23 개사 对   64
- 공식24 개사 为   66
- 聊一聊 회화 연습하기   68

7 개사2

공식25 개사 跟 ... 70
공식26 개사 给 ... 72
공식27 개사 把 ... 74
공식28 개사 被 ... 76
聊一聊 회화 연습하기 ... 78

8 방향보어

공식29 단순방향보어 ... 80
공식30 복합방향보어 ... 82
공식31 동사+빈어(장소)+来/去 ... 84
공식32 동사+进/回+빈어(장소)+来/去 ... 86
聊一聊 회화 연습하기 ... 88

9 着/在

공식33 동사+着 ... 90
공식34 동사1+着+빈어1+동사2+빈어2 ... 92
공식35 在+동사 ... 94
공식36 正在/在/正+동사+(呢) ... 96
聊一聊 회화 연습하기 ... 98

10 능원동사1

공식37 동사 想 ... 100
공식38 능원동사 想 ... 102
공식39 동사 要 ... 104
공식40 능원동사 要 ... 106
聊一聊 회화 연습하기 ... 108

11 능원동사2

공식41 능원동사 能 ... 110
공식42 능원동사 可以 ... 112
공식43 능원동사 会 ... 114
공식44 능원동사 会…(的) ... 116
聊一聊 회화 연습하기 ... 118

12 겸어문

공식45 심리동사 喜欢 ... 120
공식46 요구동사 请 ... 122
공식47 사역동사 让 ... 124
공식48 사역동사 叫 ... 126
聊一聊 회화 연습하기 ... 128

他 + 去 + 看

병음

Tā + qù + kàn.

Tā	qù	dǎ
Tā	qù	zuò
Tā	qù	tī
Tā	qù	zhǎo
Tā	qù	xǐ
Tā	qù	sòng
Tā	qù	cānjiā

주어 + 동사1 + 동사2

한자

他 + 去 + 看。

他	去	打
他	去	做
他	去	踢
他	去	找
他	去	洗
他	去	送
他	去	参加

他 + 去 + 看 + 书

Tā + qù + kàn + shū.

Tā	qù	dǎ	lánqiú
Tā	qù	zuò	zuòyè
Tā	qù	tī	zúqiú
Tā	qù	zhǎo	rén
Tā	qù	xǐ	chènshān
Tā	qù	sòng	lǐwù
Tā	qù	cānjiā	bǐsài

주어 + 동사1 + 동사2 + 빈어

한자

他 + 去 + 看 + 书。

他	去	打	篮球
他	去	做	作业
他	去	踢	足球
他	去	找	人
他	去	洗	衬衫
他	去	送	礼物
他	去	参加	比赛

 他 + 去 + 学校 + 看 + 书

Tā + qù + xuéxiào + kàn + shū.

Tā	lái	zhèr	dǎ	lánqiú
Dìdi	huí	jiā	zuò	zuòyè
Bàba	qù	gōngyuán	tī	zúqiú
Gēge	lái	cāntīng	zhǎo	rén
Wǒmen	qù	wèishēngjiān	xǐ	chènshān
Māma	qù	yīyuàn	sòng	lǐwù
Jiějie	qù	Zhōngguó	cānjiā	bǐsài

주어 + **동사1** + 빈어1 + **동사2** + 빈어2

한자

他 + *去* + 学校 + *看* + 书。

她	*来*	这儿	*打*	篮球
弟弟	*回*	家	*做*	作业
爸爸	*去*	公园	*踢*	足球
哥哥	*来*	餐厅	*找*	人
我们	*去*	卫生间	*洗*	衬衫
妈妈	*去*	医院	*送*	礼物
姐姐	*去*	中国	*参加*	比赛

他 + 去 + 公园 + 看看

Tā + qù + gōngyuán + kànkan.

Tā	qù	gōngyuán	kàn yi kàn
Tā	qù	gōngyuán	kàn le kàn
Tā	qù	gōngyuán	xiūxi xiūxi

주어 + 동사 + 빈어 + 동사중첩

한자

他 + 去 + 公园 + 看看。

他	去	公园	看一看
他	去	公园	看了看
他	去	公园	休息休息

聊一聊 회화 연습하기

● 음료 주문하기

A: 您要什么饮料?
   Nín yào shénme yǐnliào?

B: 我要一杯 美式咖啡 。
   Wǒ yào yì bēi měishì kāfēi.

A: 在这儿喝还是带走?
   Zài zhèr hē háishi dài zǒu?

B: 我要带走。
   Wǒ yào dài zǒu.

단어 바꿔 말하기

可乐
kělè

雪碧
xuěbì

矿泉水
kuàngquánshuǐ

橙汁
chéngzhī

果汁
guǒzhī

美式咖啡
měishì kāfēi

拿铁
nátiě

卡布奇诺
kǎbùqínuò

第2课

过

看 + 过

kàn + guo

dǎsǎo   guo

zhù   guo

jiāo   guo

dài   guo

dāng   guo

diū   guo

dǎ   guo

동사 + 过

한자

看 + 过

打扫	过
住	过
教	过
戴	过
当	过
丢	过
打	过

看 + 过 + 地图

병음

| Kàn | + | guo | + | dìtú. |

Dǎsǎo	guo	fángjiān
Zhù	guo	fàndiàn
Jiāo	guo	lìshǐ
Dài	guo	bàngqiú mào
Dāng	guo	jǐngchá
Diū	guo	qiánbāo
Dǎ	guo	gāo'ěrfūqiú

동사 + 过 + 빈어

한자

看 + 过 + 地图。

打扫	过	房间
住	过	饭店
教	过	历史
戴	过	棒球帽
当	过	警察
丢	过	钱包
打	过	高尔夫球

看 + 过 + 三次 + 地图

병음

| Kàn | + | guo | + | sān cì | + | dìtú. |

Dǎsǎo	guo	yí cì	fángjiān
Zhù	guo	liǎng cì	fàndiàn
Jiāo	guo	wǔ cì	lìshǐ
Dài	guo	shí cì	bàngqiú mào
Dāng	guo	hǎo jǐ cì	jǐngchá
Diū	guo	hǎo duō cì	qiánbāo
Dǎ	guo	hěn duō cì	gāo'ěrfūqiú

동사 + 过 + X次 + 빈어

한자

看 + 过 + 三次 + 地图。

打扫	过	一次	房间
住	过	两次	饭店
教	过	五次	历史
戴	过	十次	棒球帽
当	过	好几次	警察
丢	过	好多次	钱包
打	过	很多次	高尔夫球

看 + 过 + 没有?

| Kàn | + | guo | + | méiyǒu? |

Dǎsǎo	guo	méiyǒu
Zhù	guo	méiyǒu
Jiāo	guo	méiyǒu
Dài	guo	méiyǒu
Dāng	guo	méiyǒu
Diū	guo	méiyǒu
Dǎ	guo	méiyǒu

동사 + 过 + 没有?

한자

看 + 过 + 没有?

打扫	过	没有
住	过	没有
教	过	没有
戴	过	没有
当	过	没有
丢	过	没有
打	过	没有

聊一聊 회화 연습하기

● 음식 주문하기

A: 您要点什么?
Nín yào diǎn shénme?

B: 请来一个 锅包肉 。
Qǐng lái yí ge guōbāoròu.

A: 还要别的吗?
Hái yào bié de ma?

B: 要一个 鸡蛋炒饭 。
Yào yí ge jīdàn chǎofàn.

단어 바꿔 말하기

锅包肉
guōbāoròu

鸡蛋炒饭
jīdàn chǎofàn

糖醋里脊
tángcù lǐjǐ

意大利面
yìdàlìmiàn

比萨
bǐsà

泡菜汤
pàocàitāng

大酱汤
dàjiàngtāng

石锅饭
shíguōfàn

我 + 比 + 你 + 漂亮

병음

Wǒ + bǐ + nǐ + piàoliang.

Wǒ	bǐ	nǐ	shuài
Wǒ	bǐ	nǐ	gāo
Wǒ	bǐ	nǐ	ǎi
Gōngyuán	bǐ	xuéxiào	yuǎn
Gōngyuán	bǐ	xuéxiào	jìn
Jīntiān	bǐ	zuótiān	lěng
Jīntiān	bǐ	zuótiān	rè

주어 + 比 + 빈어 + 형용사

한자

我 + 比 + 你 + 漂亮。

我	比	你	帅
我	比	你	高
我	比	你	矮
公园	比	学校	远
公园	比	学校	近
今天	比	昨天	冷
今天	比	昨天	热

我 + 比 + 你 + 更 + 漂亮

Wǒ + bǐ + nǐ + gèng + piàoliang.

Wǒ	bǐ	nǐ	gèng	shuài
Wǒ	bǐ	tāmen	dōu	gāo
Wǒ	bǐ	tāmen	dōu	ǎi
Cāochǎng	bǐ	jiàoshì	hái	yuǎn
Cāochǎng	bǐ	jiàoshì	hái	jìn
Jīntiān	bǐ	zuótiān	shāowēi	lěng
Jīntiān	bǐ	zuótiān	shāowēi	rè

주어+比+빈어+更/都/还/稍微+형용사

한자

我 + 比 + 你 + 更 + 漂亮。

我	比	你	更	帅
我	比	他们	都	高
我	比	他们	都	矮
操场	比	教室	还	远
操场	比	教室	还	近
今天	比	昨天	稍微	冷
今天	比	昨天	稍微	热

공식 11 我 + 比 + 你 + 漂亮 + 一点儿

 병음

Wǒ + bǐ + nǐ + piàoliang + yìdiǎnr.

Wǒ	bǐ	nǐ	shuài	yìdiǎnr
Nánpéngyou	bǐ	wǒ	gāo	yìxiē
Nánpéngyou	bǐ	wǒ	ǎi	yìxiē
Cāochǎng	bǐ	jiàoshì	yuǎn	de duō
Cāochǎng	bǐ	jiàoshì	jìn	de duō
Jīntiān	bǐ	zuótiān	lěng	duō le
Jīntiān	bǐ	zuótiān	rè	duō le

주어 + 比 + 빈어 + 형용사 + 一点儿/一些/得多/多了

한자

我 + 比 + 你 + 漂亮 + 一点儿。

我	比	你	帅	一点儿
男朋友	比	我	高	一些
男朋友	比	我	矮	一些
操场	比	教室	远	得多
操场	比	教室	近	得多
今天	比	昨天	冷	多了
今天	比	昨天	热	多了

我 + 有 + 你 + 漂亮

병음

Wǒ	+ yǒu	+ nǐ	+ piàoliang.
Wǒ	yǒu	nǐ	shuài
Wǒ	yǒu	nǐ	gāo
Wǒ	yǒu	nǐ	ǎi
Gōngyuán	méiyǒu	xuéxiào	yuǎn
Gōngyuán	méiyǒu	xuéxiào	jìn
Jīntiān	méiyǒu	zuótiān	lěng
Jīntiān	méiyǒu	zuótiān	rè

주어 + 有/没有 + 빈어 + 형용사

한자

我 + 有 + 你 + 漂亮。

我	有	你	帅
我	有	你	高
我	有	你	矮
公园	没有	学校	远
公园	没有	学校	近
今天	没有	昨天	冷
今天	没有	昨天	热

聊一聊 회화 연습하기

- 쇼핑하기 – 옷 사기 (1)

A: 这件衣服多少钱?
　　Zhè jiàn yīfu duōshao qián?

B: 这件衣服450元。
　　Zhè jiàn yīfu sìbǎi wǔshí yuán.

A: 好，我要这件。给您500元。
　　Hǎo, wǒ yào zhè jiàn. Gěi nín wǔbǎi yuán.

B: 谢谢，找您50元。
　　Xièxie, zhǎo nín wǔshí yuán.

플러스 표현

人民币
rénmínbì

韩元
hányuán

美元
měiyuán

日元
rìyuán

欧元
ōuyuán

英镑
yīngbàng

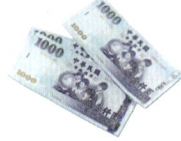
台币
táibì

港币
gǎngbì

第4课

보어

我 + 看 + 见 + 了

> **병음**

Wǒ + kàn + jiàn + le.

Wǒ	kàn	hǎo	le
Wǒ	kàn	dǒng	le
Wǒ	kàn	wán	le
Wǒ	kàn	dào	le
Wǒ	kàn	cuò	le
Wǒ	kàn	duì	le
Wǒ	kàn	qīngchu	le

주어 + 동사 + 결과보어 + 了

한자

我 + 看 + 见 + 了。

我	看	好	了
我	看	懂	了
我	看	完	了
我	看	到	了
我	看	错	了
我	看	对	了
我	看	清楚	了

我 + 看 + 得 + 见

Wǒ	+	kàn	+	de	+	jiàn.
Wǒ		tīng		de		dǒng
Wǒ		zuò		de		wán
Wǒ		zhǎo		de		dào
Wǒ		chī		de		xià
Wǒ		huí		de		lái
Wǒ		zhàn		de		qǐlái
Wǒ		pá		de		shàngqù

주어 + 동사 + 得 + 가능보어

한자

我 + 看 + 得 + 见。

我	听	得	懂
我	做	得	完
我	找	得	到
我	吃	得	下
我	回	得	来
我	站	得	起来
我	爬	得	上去

我 + 看 + 得 + 多

병음

Wǒ + kàn + de + duō.

Wǒ	chī	de	bǎo
Wǒ	pǎo	de	kuài
Wǒ	shuì	de	hǎo
Wǒ	wán	de	kāixīn
Wǒ	shuō	de	liúlì
Wǒ	dǎsǎo	de	gānjìng
Wǒ	máng	de	hěn

주어 + 동사/형용사 + 得 + 정도보어

한자

我 + 看 + 得 + 多。

我	吃	得	饱
我	跑	得	快
我	睡	得	好
我	玩	得	开心
我	说	得	流利
我	打扫	得	干净
我	忙	得	很

看 + 书 + 看 + 得 + 多

Kàn + shū + kàn + de + duō.

Chī	fàn	chī	de	bǎo
Pǎo	duǎnpǎo	pǎo	de	kuài
Shuì	wǔjiào	shuì	de	hǎo
Wán	yóuxì	wán	de	kāixīn
Shuō	Hànyǔ	shuō	de	liúlì
Dǎsǎo	jiàoshì	dǎsǎo	de	gānjìng

동사 + 빈어 + 동사 + 得 + 정도보어

한자

看 + 书 + 看 + 得 + 多。

吃	饭	吃	得	饱
跑	短跑	跑	得	快
睡	午觉	睡	得	好
玩	游戏	玩	得	开心
说	汉语	说	得	流利
打扫	教室	打扫	得	干净

聊一聊 회화 연습하기

● 색깔 고르기

A: 这是什么颜色?
Zhè shì shénme yánsè?

B: 这是 红色 。
Zhè shì hóngsè.

A: 那是什么颜色的手机?
Nà shì shénme yánsè de shǒujī?

B: 那是 黑色 的手机。
Nà shì hēisè de shǒujī.

단어 바꿔 말하기

红色　　　橘黄色　　　黄色　　　绿色　　　浅蓝色
hóngsè　　júhuángsè　　huángsè　　lǜsè　　qiǎnlánsè

深蓝色　　紫色　　白色　　黑色
shēnlánsè　zǐsè　　báisè　　hēisè

不/没/别

Jīntiān bú qù guàng jiē.

Bú qù wǎngbā wán diànnǎo yóuxì.

Bú zài Hánguó kāi yǎnchànghuì.

Jīntiān méi qù guàng jiē.

Méi qù wǎngbā wán diànnǎo yóuxì.

Méi zài Hánguó kāi yǎnchànghuì.

Jīntiān bié qù guàng jiē.

Bié qù wǎngbā wán diànnǎo yóuxì.

Bié zài Hánguó kāi yǎnchànghuì.

부정부사 不/没/别

今天不去逛街。

不去网吧玩电脑游戏。

不在韩国开演唱会。

今天没去逛街。

没去网吧玩电脑游戏。

没在韩国开演唱会。

今天别去逛街。

别去网吧玩电脑游戏。

别在韩国开演唱会。

已经/刚刚/马上

Lǎoshī liú de zuòyè yǐjīng zuòwán le.

Nín diǎn de cài yǐjīng hǎo le.

Wǒ nǚpéngyou yǐjīng lái le.

Lǎoshī liú de zuòyè gānggāng zuòwán.

Nín diǎn de cài gānggāng hǎo.

Wǒ nǚpéngyou gānggāng lái.

Lǎoshī liú de zuòyè mǎshàng zuòwán.

Nín diǎn de cài mǎshàng hǎo.

Wǒ nǚpéngyou mǎshàng lái.

시간부사 已经/刚刚/马上

한자

老师留的作业已经做完了。

您点的菜已经好了。

我女朋友已经来了。

老师留的作业刚刚做完。

您点的菜刚刚好。

我女朋友刚刚来。

老师留的作业马上做完。

您点的菜马上好。

我女朋友马上来。

才/就

Zhège Hànzì hěn nán, xiě yìbǎi biàn cái jìzhù.

Jīntiān de huìyì shí diǎn kāishǐ, nǐ zěnme xiànzài cái lái?

Tā liùshí suì cái dàxué bìyè.

Zhège Hànzì hěn jiǎndān, xiě yí biàn jiù jìzhù le.

Jīntiān de huìyì shí diǎn kāishǐ, nǐ zěnme xiànzài jiù lái le?

Tā èrshí suì jiù dàxué bìyè le.

시간부사 才/就

한자

这个汉字很难，写100遍才记住。

今天的会议10点开始，你怎么现在才来?

他60岁才大学毕业。

这个汉字很简单，写1遍就记住了。

今天的会议10点开始，你怎么现在就来了?

他20岁就大学毕业了。

又/也/再

Tā yòu shuō le yí biàn.

Zhè cì yòu qù Zhōngguó.

Māma yòu qù le yí cì Měiguó.

Tā yě shuō le yí biàn.

Zhè cì yě qù Zhōngguó.

Māma yě qù le yí cì Měiguó.

Wǒmen zài shuō yí biàn.

Zhè cì zài qù Zhōngguó.

Māma zài qù yí cì Měiguó.

빈도부사 又/也/再

他又说了一遍。

这次又去中国。

妈妈又去了一次美国。

他也说了一遍。

这次也去中国。

妈妈也去了一次美国。

我们再说一遍。

这次再去中国。

妈妈再去一次美国。

聊一聊
회화 연습하기

● 쇼핑하기 – 옷 사기 (2)

A: 这件蓝色的衬衫有点儿大,
Zhè jiàn lánsè de chènshān yǒudiǎnr dà,

有没有小一点儿的?
yǒu méiyǒu xiǎo yìdiǎnr de?

B: 对不起, 这件衬衫没有小号。
Duìbuqǐ, zhè jiàn chènshān méiyǒu xiǎohào.

A: 那么, 有没有比这个更深
Nàme, yǒu méiyǒu bǐ zhège gèng shēn

一点儿的蓝色衬衫?
yìdiǎnr de lánsè chènshān?

B: 有, 请稍等。
Yǒu, qǐng shāo děng.

플러스 표현

1 일반적인 상황 → 동사/형용사 + 一点儿
 예) 你买一点儿。(수량) / 便宜一点儿吧! (비교)

2 부정적인 상황 → 有点儿 + 형용사
 예) 有点儿贵。

第6课

개사 1

从

Cóng nǐ kāishǐ fābiǎo.

Cóng jīntiān kāishǐ měitiān zuò yùndòng.

Cóng xuéxiào chūfā xūyào yí ge xiǎoshí sānshí fēnzhōng.

Cóng xuéxiào dào jīchǎng xūyào yí ge xiǎoshí sānshí fēnzhōng.

개사 从

从你开始发表。

从今天开始每天做运动。

从学校出发需要1个小时30分钟。

从学校到机场需要1个小时30分钟。

离

Lí jīchǎng xūyào yí ge xiǎoshí sānshí fēnzhōng.

Lí xīngqīsān bù yuǎn le, wǒmen jiāyóu ba!

Xuéxiào lí wǒ zhèr hěn jìn.

Xuéxiào lí jīchǎng xūyào yí ge xiǎoshí sānshí fēnzhōng.

개사 离

离机场需要1个小时30分钟。

> 离星期三不远了，我们加油吧！
>
> 学校离我这儿很近。
>
> 学校离机场需要1个小时30分钟。

对

Wǒ duì zhè jiàn shì bù qīngchu.

Lǎoshī duì xuésheng fùzé.

Gēge duì gāo'ěrfūqiú hěn gǎn xìngqù.

Duì wǒ lái shuō, zhè cì kǎoshì fēicháng zhòngyào.

개사 对

我对这件事不清楚。

老师对学生负责。

哥哥对高尔夫球很感兴趣。

对我来说,这次考试非常重要。

为

Wèi māma mǎi lǐwù.

Bié wèi xiǎoshì zháojí.

Wèile jiànkāng, shǎo hē kělè.

Wèile zhǎo gōngzuò, tā qù Měiguó le.

Wǒ qù Měiguó, shì wèile zhǎo gōngzuò.

개사 为

为妈妈买礼物。

别为小事着急。

为了健康，少喝可乐。

为了找工作，他去美国了。

我去美国，是为了找工作。

聊一聊 회화 연습하기

- 길 묻기 (1)

A: 附近有没有餐厅?
Fùjìn yǒu méiyǒu cāntīng?

B: 有, 在百货商店 旁边 。
Yǒu, zài bǎihuò shāngdiàn pángbiān.

A: 百货商店在哪儿?
Bǎihuò shāngdiàn zài nǎr?

B: 在银行 对面 。
Zài yínháng duìmiàn.

단어 바꿔 말하기

	边 biān	面 miàn
上 shàng	上边 shàngbian	上面 shàngmiàn
下 xià	下边 xiàbian	下面 xiàmiàn
左 zuǒ	左边 zuǒbian	左面 zuǒmiàn
右 yòu	右边 yòubian	右面 yòumiàn
前 qián	前边 qiánbian	前面 qiánmiàn
后 hòu	后边 hòubian	后面 hòumiàn
里 lǐ	里边 lǐbian	里面 lǐmiàn
外 wài	外边 wàibian	外面 wàimiàn
旁 páng	旁边 pángbiān	—
对 duì	—	对面 duìmiàn

第7课

개사 2

跟 给 把 被

跟

Nǐ gēn tā xué yi xué.

Zhè jiàn shì, nǐ qù gēn tā shuō.

Nǐ gēn bàba zhǎng de yíyàng.

Gēn zuótiān bǐ, jīntiān de rén gèng duō.

개사 跟

你跟他学一学。

这件事，你去跟他说。

你跟爸爸长得一样。

跟昨天比，今天的人更多。

给

Gěi wǒ dǎ diànhuà.

Zhège yóujiàn shì tā gěi wǒ fā de.

Lǎoshī gěi wǒ liúxià le shēnkè de yìnxiàng.

Tā gěi wǒmen jièshào le jīnnián de xiàngmù.

개사 给

给我打电话。

这个邮件是他给我发的。

老师给我留下了深刻的印象。

他给我们介绍了今年的项目。

把

Nǐ bǎ zuótiān de zīliào kànkan.

Nǐ bǎ mén guānhǎo.

Nǐ bǎ nǐ de xiǎngfǎ gēn dàjiā shuō yi shuō.

Nǐ bǎ zhè jiàn shì jiǎng qīngchu.

개사 把

你把昨天的资料看看。

你把门关好。

你把你的想法跟大家说一说。

你把这件事讲清楚。

被

Shū bèi tā dìdi nònghuài le.

Shǒujī bèi tāmen nònghǎo le.

Qián bèi bàba huāwán le.

Yīfu bèi xǐ de hěn gānjìng.

개사 被

书被他弟弟弄坏了。

手机被他门弄好了。

钱被爸爸花完了。

衣服被洗得很干净。

聊一聊 회화 연습하기

● 길 묻기 (2)

A: 请问， 星巴克 怎么走？
Qǐngwèn, Xīngbākè zěnme zǒu?

B: 一直往前走，往左拐，就到了。
Yìzhí wǎng qián zǒu, wǎng zuǒ guǎi, jiù dào le.

A: 星巴克 离百货商店远吗？
Xīngbākè lí bǎihuò shāngdiàn yuǎn ma?

B: 不远，过马路就是。
Bù yuǎn, guò mǎlù jiù shì.

단어 바꿔 말하기

星巴克
Xīngbākè

必胜客
Bìshèngkè

麦当劳
Màidāngláo

肯德基
Kěndéjī

海底捞
Hǎidǐlāo

全聚德
Quánjùdé

家乐福
Jiālèfú

大润发
Dàrùnfā

第8课

방향보어

단순방향보어
복합방향보어

来/去/上/下

Nǐ nálái ba!

Wǒ náqù huàn ba!

Dìdi hěn kuài de páshàng le shù.

Zhège bāo hěn zhòng, nǐ kuài fàngxià!

단순방향보어

你拿来吧！

我拿去换吧！

弟弟很快地爬上了树。

这个包很重，你快放下！

进/出/回/过 + 来/去

Tā pǎo jìnqù le.

Tā cóng bàngōngshì lǐ bān chūlái le yì zhāng zhuōzi.

Xiànzài dài huíqù yǒu yòng ma?

Duìmiàn de nǚhái zǒu guòlái.

복합방향보어

他跑进去了。

他从办公室里搬出来了一张桌子。

现在带回去有用吗?

对面的女孩走过来。

回 + 首尔 + 来/去

Tā bìyè yǐhòu, huí Shǒu'ěr lái le.

Jǐngchá jìn bàngōngshì lái le.

Tā jìn wū qù le.

Tā xiànzài bú zài, huí xuéxiào qù le.

동사 + 빈어(장소) + 来/去

他毕业以后，回首尔来了。

警察进办公室来了。

他进屋去了。

他现在不在，回学校去了。

跑 + 进/回 + 教室 + 来/去

Tā xíguàn chídào, jīntiān yě pǎojìn jiàoshì lái le.

Tā xiàkè yǐhòu, jiù pǎohuí sùshè qù le.

Nǐ bǎ dōngxi bānjìn wū lái.

Tā yǒu shì, bǎ chē kāihuí gōngsī qù le.

동사 + 进/回 + 빈어(장소) + 来/去

他习惯迟到，今天也跑进教室来了。

他下课以后，就跑回宿舍去了。

你把东西搬进屋来。

他有事，把车开回公司去了。

聊一聊 회화 연습하기

● 대중교통 이용하기

A: 请问，去北京天安门坐几路车？
Qǐngwèn, qù Běijīng Tiān'ān Mén zuò jǐ lù chē?

B: 过马路，坐5路车。
Guò mǎlù, zuò wǔ lù chē.

A: 请问，从这儿到北京大学怎么走？
Qǐngwèn, cóng zhèr dào Běijīng Dàxué zěnme zǒu?

B: 先在这儿坐三站到西单站，
Xiān zài zhèr zuò sān zhàn dào Xīdān Zhàn,
然后在西单站换乘3号线。
ránhòu zài Xīdān Zhàn huànchéng sān hào xiàn.

플러스 표현

公共汽车(＝巴士)
gōnggòng qìchē(＝bāshì)

出租车
chūzūchē

地铁
dìtiě

火车
huǒchē

高铁
gāotiě

船
chuán

飞机
fēijī

着

Tā chàng zhe gēr.

Tā chuān zhe hóngsè de qúnzi.

Tā kāi zhe chē ne, bié dǎrǎo tā.

Tā kàn zhe kàn zhe jiù shuìzháo le.

동사 + 着

他唱着歌儿。

她穿着红色的裙子。

他开着车呢,别打扰他。

他看着看着就睡着了。

着

Kàn zhe bǐsài rìchéng děng nǚpéngyou.

Chī zhe bīngqílín wánr yóuxì.

Tiào zhe wǔ jìn jiàoshì.

Ná zhe shǒujī shuì wǔjiào.

동사1 + 着 + 빈어1 + 동사2 + 빈어2

看着比赛日程等女朋友。

吃着冰淇淋玩儿游戏。

跳着舞进教室。

拿着手机睡午觉。

在

Tā zài chàng gēr.

Tā zài zhǔnbèi xǐzǎo.

Wǒmen měitiān zài yánjiū liǎng guó guānxi.

Tāmen zài jìhuà míngnián jiéhūn.

在 + 동사

他在唱歌儿。

她在准备洗澡。

我们每天在研究两国关系。

他们在计划明年结婚。

正在/在/正……(呢)

Tā zhèngzài shuìjiào.

Tā zhèngzài shuìjiào (ne).

Tā zài shuìjiào (ne).

Tā zhèng shuìjiào (ne).

正在/在/正 + 동사 + (呢)

他正在睡觉。

他正在睡觉(呢)。

他在睡觉(呢)。

他正睡觉(呢)。

聊一聊
회화 연습하기

 T-9-5

● 스케줄 묻기

A: 你什么时候去 北京 ?
　　Nǐ shénme shíhou qù Běijīng?

B: 我10月8号星期三去。
　　Wǒ shí yuè bā hào xīngqīsān qù.

A: 北京 离 首尔 多远?
　　Běijīng lí Shǒu'ěr duō yuǎn?

B: 从 北京 到 首尔 要坐1个小时30分钟的飞机。
　　Cóng Běijīng dào Shǒu'ěr yào zuò yí ge xiǎoshí sānshí fēnzhōng de fēijī.

단어 바꿔 말하기

俄罗斯
Éluósī

意大利
Yìdàlì

西班牙
Xībānyá

泰国
Tàiguó

越南
Yuènán

印尼
Yìnní

新加坡
Xīnjiāpō

第10课

능원동사 1

想

Wǒ xiǎng nǐ.

Wǒ de dìdi měitiān xiǎng māma.

Nǐ xiǎngxiang, zěnme jiějué wèntí.

Wǒ xiǎng jiǎnféi duì shēntǐ méiyǒu shénme hǎochù.

동사 想

我想你。

我的弟弟每天想妈妈。

你想想，怎么解决问题。

我想减肥对身体没有什么好处。

想

Wǒ xiǎng kàn shū.

Wǒ xiǎng ānpái shíjiān.

Wǒ xiǎng shōushi xíngli.

Wǒ xiǎng gēn nǐ shāngliang.

능원동사 想

我想看书。

我想安排时间。

我想收拾行李。

我想跟你商量。

要

Nǐ yào shénme?

Wǒ yào yì bēi píjiǔ.

Wǒ yào māma zuò de qiǎokèlì.

Wǒ yào nǐ qù shāngdiàn mǎi dōngxi.

동사 要

你要什么？

我要一杯啤酒。

我要妈妈做的巧克力。

我要你去商店买东西。

 要

Wǒmen yào kàn shū.

Wǒmen yào zūnzhòng biérén.

Wǒmen yào zuò yí ge xiǎoshí de huǒchē.

Wǒmen yào nǔlì xuéxí.

능원동사 要

我们要看书。

我们要尊重别人。

我们要坐一个小时的火车。

我们要努力学习。

聊一聊 회화 연습하기

● 여행하기

A: 你去 北京 几天?
Nǐ qù Běijīng jǐ tiān?

B: 我去 北京 三天两夜。
Wǒ qù Běijīng sān tiān liǎng yè.

A: 和家人一起去吗?
Hé jiārén yìqǐ qù ma?

B: 不, 我自己一个人去。
Bù, wǒ zìjǐ yí ge rén qù.

단어 바꿔 말하기

北京
Běijīng

首尔
Shǒu'ěr

上海
Shànghǎi

东京
Dōngjīng

纽约
Niǔyuē

罗马
Luómǎ

伦敦
Lúndūn

巴黎
Bālí

第11课

능원동사 2

能

Wǒ néng shuō Hànyǔ.

Gēge néng hē jiǔ.

Zhōumò wǒ néng sòng tā qù jīchǎng.

Nǐ néng bāng wǒ zhàogù háizi ma?

능원동사 能

我能说汉语。

哥哥能喝酒。

周末我能送她去机场。

你能帮我照顾孩子吗?

可以

Nǐ kěyǐ shuō Hànyǔ.

Gēge kěyǐ hē jiǔ.

Yǔ tíng le, wǒmen kěyǐ chūqù.

Nǐ kěyǐ zài lóu shàng chōu yān.

능원동사 可以

你可以说汉语。

哥哥可以喝酒。

雨停了，我们可以出去。

你可以在楼上抽烟。

会

Wǒ huì shuō Hànyǔ.

Gēge huì hē jiǔ.

Shéi huì qí zìxíngchē?

Bàba huì kāichē.

능원동사 会

我会说汉语。

哥哥会喝酒。

谁会骑自行车?

爸爸会开车。

会…(的)

Hùshi huì hǎohāor zhàogù nǐ (de).

Quán shìjiè de rén dōu huì guānzhù nǐ (de).

Tā huì zhǎodào héshì de duìxiàng (de).

Nǐ juéde fùmǔ huì zhīchí nǐ de xiǎngfǎ ma?

능원동사 会…(的)

护士会好好儿照顾你(的)。

全世界的人都会关注你(的)。

他会找到合适的对象(的)。

你觉得父母会支持你的想法吗?

聊一聊
회화 연습하기

● 생일 축하하기

A: 祝你生日快乐！
Zhù nǐ shēngrì kuàilè!

B: 谢谢！
Xièxie!

A: 这是送给你的礼物。打开看看！
Zhè shì sòng gěi nǐ de lǐwù. Dǎkāi kànkan!

B: 哦，正是我想要的。非常感谢！
Ò, zhèng shì wǒ xiǎng yào de. Fēicháng gǎnxiè!

플러스 표현

元旦
Yuándàn

春节
Chūnjié

愚人节
Yúrén Jié

劳动节(5.1)
Láodòng Jié

中秋节
Zhōngqiū Jié

国庆节(10.1)
Guóqìng Jié

光棍节
Guānggùn Jié

圣诞节
Shèngdàn Jié

第12课

겸어문

심리동사 喜欢
요구동사 请
사역동사 让
사역동사 叫

喜欢

Wǒmen xǐhuan lǎoshī bù liú zuòyè.

Mèimei xǐhuan māma gěi tā mǎi lǐwù.

Wǒ xǐhuan nánpéngyou dài wǒ qù tīng yīnyuèhuì.

Háizimen xǐhuan bàba zhōumò hé tāmen yìqǐ wánr.

심리동사 喜欢

我们喜欢老师不留作业。

妹妹喜欢妈妈给她买礼物。

我喜欢男朋友带我去听音乐会。

孩子们喜欢爸爸周末和他们一起玩儿。

 请

Wǒ qǐng nǐ chī fàn.

Wǒ qǐng dàjiā hē jiǔ.

Wǒ xiǎng qǐng lǜshī jiějué.

Wǒmen qǐng lǎoshī shàngtái yǎnjiǎng.

요구동사 请

我请你吃饭。

我请大家喝酒。

我想请律师解决。

我们请老师上台演讲。

让

Māma jīngcháng ràng wǒ kàn shū.

Lǎobǎn ràng wǒ qù Shànghǎi gōngzuò.

Nǐ néng ràng tā lái yí tàng qiántái ma?

Ràng tā yí ge rén liú zài yánjiūshì xiě bàogào.

사역동사 让

妈妈经常让我看书。

老板让我去上海工作。

你能让他来一趟前台吗?

让她一个人留在研究室写报告。

叫

Yéye jiào sūnzimen búyào pǎo.

Wèishénme jiào wǒ qù zuò?

Lǎoshī jiào wǒ qù túshūguǎn ná zīliào.

Gēge jiào wǒ qù chúfáng zhǔ fāngbiànmiàn.

사역동사 叫

爷爷叫孙子们不要跑。

为什么叫我去做？

老师叫我去图书馆拿资料。

哥哥叫我去厨房煮方便面。

聊一聊 회화 연습하기

● 식사 대접하기

A: 今天我做东请客，随便吃！
Jīntiān wǒ zuòdōng qǐngkè, suíbiàn chī!

B: 那怎么行！
Nà zěnme xíng!

A: 别客气了！你们下次请吧！
Bié kèqi le! Nǐmen xià cì qǐng ba!

B: 谢谢你的好意。
Xièxie nǐ de hǎoyì.

플러스 표현

祝你生日快乐！
Zhù nǐ shēngrì kuàilè!

新年快乐！
Xīnnián kuàilè!

圣诞快乐！
Shèngdàn kuàilè!

中秋快乐！
Zhōngqiū kuàilè!

身体健康！
Shēntǐ jiànkāng!

万事如意！
Wànshì rúyì!

恭喜发财！
Gōngxǐ fācái!

事业有成！
Shìyè yǒuchéng!

내공 중국어 2
본문 해석

본문 해석

1과

p 11
그는 보러 간다.
그는 치러 간다.
그는 하러 간다.
그는 차러 간다.
그는 찾으러 간다.
그는 씻으러 간다.
그는 보내러 간다.
그는 참가하러 간다.

p 13
그는 책을 보러 간다.
그는 농구를 하러 간다.
그는 숙제하러 간다.
그는 축구를 하러 간다.
그는 사람을 찾으러 간다.
그는 셔츠를 빨러 간다.
그는 선물을 주러 간다.
그는 시합에 참가하러 간다.

p 15
그는 책을 보러 학교에 간다.
그녀는 농구를 하러 여기에 온다.
남동생은 숙제를 하러 집에 돌아온다.
아빠는 축구를 하러 공원에 간다.
형(오빠)은 사람을 찾으러 식당에 온다.
우리는 셔츠를 빨러 화장실에 간다.
엄마는 선물을 주러 병원에 간다.
언니(누나)는 시합에 참가하러 중국에 간다.

p 17
그는 공원에 가서 좀 본다.
그는 공원에 가서 좀 본다.
그는 공원에 가서 좀 보았다.
그는 공원에 가서 좀 쉰다.

p 18
A: 어떤 음료를 원하십니까?
B: 저는 아메리카노 한 잔 주세요.
A: 여기에서 마시나요 아니면 가져가시나요?
B: 가져갈 겁니다.

단어 바꿔 말하기
콜라 / 사이다 / 생수 / 오렌지주스
과일 주스 / 아메리카노 / 라떼 / 카푸치노

2과

p 21
본 적이 있다.
청소한 적이 있다.
거주한 적이 있다.
가르친 적이 있다.
쓴 적이 있다.
된 적이 있다.
잃어버린 적이 있다.
친 적이 있다.

p 23
지도를 본 적이 있다.
방을 청소한 적이 있다.
호텔에 묵은 적이 있다.
역사를 가르친 적이 있다.
야구 모자를 쓴 적이 있다.
경찰이 된 적이 있다.
지갑을 잃어버린 적이 있다.
골프를 친 적이 있다.

p 25
지도를 세 번 본 적이 있다.

방을 한 번 청소한 적이 있다.
호텔에 두 번 묵은 적이 있다.
역사를 다섯 차례 가르친 적이 있다.
야구 모자를 열 차례 쓴 적이 있다.
경찰이 여러 번 된 적이 있다.
지갑을 여러 번 잃어버린 적이 있다.
골프를 여러 번 친 적이 있다.

p 27
본 적이 있나요 없나요?
청소한 적이 있나요 없나요?
거주한 적이 있나요 없나요?
가르친 적이 있나요 없나요?
쓴 적이 있나요 없나요?
된 적이 있나요 없나요?
잃어버려 본 적이 있나요 없나요?
친 적이 있나요 없나요?

p 28
A: 무엇을 주문하시겠습니까?
B: 궈바오러우 하나 주세요.
A: 다른 것을 더 원하시나요?
B: 계란 볶음밥 하나 주세요.

단어 바꿔 말하기
궈바오러우(안심탕수육) / 계란 볶음밥 /
탕추리지(등심탕수육) / 스파게티
피자 / 김치찌개 / 된장찌개 / 돌솥밥

3과

p 31
나는 너보다 예쁘다.
나는 너보다 잘생겼다.
나는 너보다 크다.
나는 너보다 작다.
공원은 학교보다 멀다.
공원은 학교보다 가깝다.
오늘은 어제보다 춥다.
오늘은 어제보다 덥다.

p 33
나는 너보다 더 예쁘다.
나는 너보다 더 잘생겼다.
나는 그들보다 크다.
나는 그들보다 작다.
운동장은 교실보다 더 멀다.
운동장은 교실보다 더 가깝다.
오늘은 어제보다 좀 춥다.
오늘은 어제보다 좀 덥다.

p 35
나는 너보다 약간 더 예쁘다.
나는 너보다 약간 더 잘생겼다.
남자친구는 나보다 약간 크다.
남자친구는 나보다 약간 작다.
운동장은 교실보다 훨씬 멀다.
운동장은 교실보다 훨씬 가깝다.
오늘은 어제보다 훨씬 춥다.
오늘은 어제보다 훨씬 덥다.

p 37
나는 너만큼 예쁘다.
나는 너만큼 잘생겼다.
나는 너만큼 크다.
나는 너만큼 작다.
공원은 학교보다 멀지 않다.
공원은 학교보다 가깝지 않다.
오늘은 어제보다 춥지 않다.
오늘은 어제보다 덥지 않다.

본문 해석

p 38
A: 이 옷은 얼마예요?
B: 이 옷은 450위안입니다.
A: 좋아요. 이 옷 주세요. 500위안 드릴게요.
B: 감사합니다. 50위안 거슬러 드리겠습니다.

플러스 표현
위안화 / 원화 / 달러 / 엔화
유로 / 파운드 / 대만 달러 / 홍콩 달러

4과

p 41
나는 보았다. (동작 강조)
나는 잘 보았다.
나는 보고 이해했다.
나는 다 보았다.
나는 보았다. (결과 강조)
나는 잘못 보았다.
나는 맞게 보았다.
나는 분명히 보았다.

p 43
나는 볼 수 있다.
나는 알아들을 수 있다.
나는 마칠 수 있다.
나는 찾을 수 있다.
나는 먹을 수 있다.
나는 돌아올 수 있다.
나는 일어설 수 있다.
나는 오를 수 있다.

p 45
나는 많이 본다.
나는 배불리 먹는다.
나는 빨리 달린다.
나는 잘 잔다.
나는 즐겁게 논다.
나는 유창하게 말한다.
나는 깨끗하게 청소한다.
나는 매우 바쁘다.

p 47
책을 많이 본다.
밥을 배불리 먹는다.
단거리를 빨리 달린다.
낮잠을 잘 잔다.
게임을 즐겁게 한다.
중국어를 유창하게 한다.
교실을 깨끗하게 청소한다.

p 48
A: 이것은 무슨 색깔입니까?
B: 이것은 빨간색입니다.
A: 저것은 무슨 색깔의 휴대전화인가요?
B: 저것은 검정색 휴대전화입니다.

단어 바꿔 말하기
빨간색 / 주황색 / 노란색 / 녹색 / 옅은 남색
남색 / 보라색 / 흰색 / 검정색

5과

p 51
오늘 쇼핑하러 가지 않는다.
컴퓨터게임 하러 PC방에 가지 않는다.
한국에서 콘서트를 열지 않는다.

오늘 쇼핑하러 가지 않았다.
컴퓨터게임 하러 PC방에 가지 않았다.

한국에서 콘서트를 열지 않았다.

오늘 쇼핑하러 가지 마라.
컴퓨터게임 하러 PC방에 가지 마라.
한국에서 콘서트 열지 마라.

P 53
선생님이 내 주신 숙제는 이미 다 했다.
당신이 주문한 요리는 이미 다 되었다.
내 여자 친구는 이미 왔다.

선생님이 내 주신 숙제는 지금 막 다 했다.
당신이 주문한 요리는 지금 막 다 되었다.
내 여자 친구는 지금 막 왔다.

선생님이 내 주신 숙제는 곧 다 끝난다.
당신이 주문한 요리는 곧 다 된다.
내 여자 친구는 곧 온다.

P 55
그는 또 한 차례 말했다.
이번에 또 중국에 간다.
엄마는 또 한 번 미국에 가셨다.

그도 한 차례 말했다.
이번에도 중국에 간다.
엄마도 한 번 미국에 가셨다.

우리는 다시 한 번 말한다.
이번에 다시 중국에 간다.
엄마는 다시 한 번 미국에 간다.

P 57
이 한자는 어려워서, 백 번은 써 봐야 기억된다.
오늘 회의는 10시에 시작하는데, 당신은 어째서 지금에서야 옵니까?

그는 60세가 되어서야 대학을 졸업했다.
이 한자는 간단해서 한 번 쓰고 바로 기억했다.
오늘 회의는 10시에 시작하는데 당신은 어째서 지금 벌써 왔습니까?
그는 20세에 이미 대학을 졸업했다.

P 58
A: 이 파란색 셔츠는 좀 크네요, 좀 작은 것은 있나요 없나요?
B: 죄송합니다. 이 셔츠는 작은 사이즈가 없습니다.
A: 그럼 이거보다 좀 더 짙은 파란색 셔츠는 없나요?
B: 있습니다. 잠시만 기다려 주십시오.

플러스 표현
1. 당신은 좀 사세요. (수량)
   좀 싸게 해 주세요. (비교)
2. 좀 비싸다.

6과

P 61
당신부터 발표 시작합니다.
오늘부터 매일 운동하기 시작합니다.
학교에서 출발하여 1시간 30분 걸립니다.
학교에서 공항까지 1시간 30분 걸립니다.

P 63
공항에서 1시간 30분 걸린다.
수요일까지 얼마 남지 않았으니 우리 힘냅시다!
학교는 내가 있는 곳에서 매우 가깝다.
학교는 공항에서 1시간 30분 걸린다.

P 65
나는 이 일에 대해 잘 모른다.
선생님은 학생에 대해 책임을 진다.

본문 해석

오빠(형)는 골프에 흥미를 갖고 있다.
나에게 있어서 이번 시험은 매우 중요하다.

P 67
엄마를 위해 선물을 산다.
작은 일에 조급해하지 마라.
건강을 위해 콜라를 적게 마신다.
직업을 찾기 위해 그는 미국에 갔다.
내가 미국에 가는 것은 직업을 찾기 위해서이다.

P 68
A: 근처에 식당 있나요 없나요?
B: 있습니다. 백화점 옆에 있어요.
A: 백화점은 어디에 있나요?
B: 은행 맞은편에 있어요.

단어 바꿔 말하기

	-쪽, -편	-쪽, -편
위	위쪽	위쪽
아래	아래쪽	아래쪽
좌	왼쪽	왼쪽
우	오른쪽	오른쪽
앞	앞쪽	앞쪽
뒤	뒤쪽	뒤쪽
안	안쪽	안쪽
밖	바깥쪽	바깥쪽
옆	옆	–
맞-	–	맞은편

7과

p 71
당신은 그에게 좀 배워 보세요.
이 일은 당신이 가서 그에게 말하세요.
당신은 아버지와 똑같이 생겼다.
어제와 비교하면 오늘 사람이 더 많다.

p 73
내게 전화해요.
이 메일은 그가 내게 보낸 것이다.
선생님은 내게 깊은 인상을 남겼다.
그는 우리에게 올해의 프로젝트를 소개했다.

p 75
당신은 어제 자료를 좀 보세요.
당신은 문을 잘 닫으세요.
당신은 당신의 생각을 사람들에게 좀 말해 보세요.
당신은 이 일을 분명하게 말해 보세요.

p 77
책은 그의 남동생이 망가트렸다.
휴대전화는 그들이 잘 고쳐 놓았다.
돈은 아빠가 다 썼다.
옷은 깨끗하게 세탁되었다.

p 78
A: 말씀 좀 여쭐게요. 스타벅스에 어떻게 가나요?
B: 앞으로 쭉 직진하다가 좌회전하면 바로 도착합니다.
A: 스타벅스는 백화점에서 먼가요?
B: 멀지 않습니다. 길만 건너면 바로 있습니다.

단어 바꿔 말하기

스타벅스 / 피자헛 / 맥도날드 / KFC
하이디라오(중국식 샤브샤브) / 취엔쥐더(북경 오리고기) / 까르푸 / 따룬파(RT-MART)

8과

P 81
당신이 가져 오세요!
내가 가져가서 바꿀게!

남동생은 빠르게 나무에 올랐다.
이 가방은 너무 무거워, 너 빨리 내려 놔!

P 83
그는 뛰어 들어갔다.
그는 사무실에서 책상 하나를 옮겨 나왔다.
지금 가지고 돌아가도 소용이 있을까?
맞은편의 여자아이가 걸어온다.

P 85
그는 졸업 후에 서울로 돌아왔다.
경찰이 사무실에 들어왔다.
그는 집으로 들어갔다.
그는 현재 없다. 학교로 돌아갔다.

P 87
그는 습관적으로 지각하는데, 오늘도 교실에 뛰어 들어 왔다.
그는 수업을 마친 후 바로 기숙사로 뛰어 돌아갔다.
당신은 물건을 집으로 옮겨 오세요.
그는 일이 있어서 차를 몰고 회사로 돌아갔다.

P 88
A: 실례지만, 베이징 천안문에 가려면 몇 번 버스를 타나요?
B: 길 건너서 5번을 타세요.
A: 실례지만, 여기에서 베이징대학까지 어떻게 가나요?
B: 여기에서 세 정거장 가서 시단역에서 내리세요. 그다음에 시단역에서 3호선으로 갈아타세요.

플러스 표현
버스 / 택시 / 지하철 / 기차 / 고속철도 / 배 / 비행기

9과

P 91
그는 노래 부르고 있다.
그녀는 빨간 치마를 입고 있다.
그는 차를 운전하고 있으니 방해하지 마라.
그는 보다가 잠이 들었다.

P 93
시합 일정을 보며 여자 친구를 기다린다.
아이스크림을 먹으면서 게임을 한다.
춤을 추며 교실에 들어간다.
휴대전화를 들고 낮잠을 잔다.

P 95
그는 노래를 부르고 있다.
그녀는 목욕할 준비를 하고 있다.
우리는 매일 양국 관계를 연구하고 있다.
그들은 내년에 결혼을 계획하고 있다.

P 97
그는 마침 자고 있는 중이다.
그는 마침 자고 있는 중이다.
그는 자고 있다.
그는 마침 자고 있는 중이다.

P 98
A: 당신은 언제 베이징에 가나요?
B: 나는 10월 8일 수요일에 갑니다.
A: 베이징은 서울에서 얼마나 먼가요?
B: 베이징에서 서울까지 비행기를 타면 1시간 30분 걸립니다.

단어 바꿔 말하기
러시아 / 이탈리아 / 스페인 / 태국
베트남 / 인도네시아 / 싱가포르

본문 해석

10과

P 101
나는 당신이 보고 싶다.
내 남동생은 매일 엄마를 그리워한다.
당신이 생각해 봐, 어떻게 문제를 해결할지.
나는 다이어트가 몸에 별로 좋은 점이 없다고 생각해.

P 103
나는 책을 보고 싶다.
나는 시간을 안배하고 싶다.
나는 짐을 정리하고 싶다.
나는 당신과 상의하고 싶다.

P 105
당신은 무엇을 원하나요?
나는 맥주 한 잔 주세요.
나는 엄마가 만든 초코릿을 원해요.
나는 당신이 상점에 가서 물건을 사길 원해요.

P 107
우리는 책을 볼 거야.
우리는 다른 사람을 존중해야 해.
우리는 기차를 한 시간 타야 해.
우리는 열심히 공부해야 해.

P 108
A: 당신은 베이징에 며칠 갑니까?
B: 나는 베이징에 2박 3일 갑니다.
A: 가족과 함께 갑니까?
B: 아니오, 저 혼자 갑니다.

단어 바꿔 말하기
베이징 / 서울 / 상하이 / 도쿄
뉴욕 / 로마 / 런던 / 파리

11과

P 111
나는 중국어를 말할 수 있다.
형(오빠)은 술을 마실 수 있다.
주말에 나는 그녀를 배웅하러 공항에 갈 수 있다.
당신은 나를 도와 아이를 돌봐 줄 수 있나요?

P 113
당신은 중국어로 말해도 좋다.
형(오빠)은 술을 마셔도 된다.
비가 그쳤으니 우리는 나가도 된다.
당신은 위층에서 담배를 피워도 된다.

P 115
나는 중국어로 말할 줄 안다.
형(오빠)은 술을 마실 줄 안다.
누가 자전거 탈 줄 아니?
아빠는 운전할 줄 안다.

P 117
간호사가 당신을 잘 돌봐줄 거예요.
전 세계 사람들이 모두 당신을 지켜볼 거예요.
그는 적합한 배우자를 찾을 거예요.
당신은 부모님께서 당신의 생각을 지지할 거라 생각하나요?

P 118
A: 생일 축하해!
B: 고마워!
A: 이건 네게 주는 선물이야. 열어 봐봐!
B: 아, 내가 딱 원했던 거야. 너무 고마워!

플러스 표현
신년 / 춘절(설날) / 만우절
노동절 / 추석(중추절) / 국경절 /
광군제(싱글데이) / 크리스마스

12과

p 121
우리는 선생님이 숙제를 내주시지 않는 것을 좋아한다.
여동생은 엄마가 선물 사주는 것을 좋아한다.
나는 남자 친구가 나를 데리고 콘서트에 가는 것을 좋아한다.
아이들은 아빠가 주말에 (그들과) 같이 놀아주는 것을 좋아한다.

p 123
내가 당신에게 밥을 살게요.
내가 여러분들에게 술을 살게요.
나는 변호사에게 부탁해 해결하고 싶다.
우리는 선생님께서 무대에 올라 강연해 주시길 요청한다.

p 125
엄마는 자주 나에게 책을 보라고 한다.
사장님은 나에게 상하이에 가서 일하라고 한다.
당신은 그에게 프런트 데스크에 한 번 오라고 할 수 있나요?
그녀 혼자 연구실에 남아 보고서를 쓰게 한다.

p 127
할아버지는 손자들을 뛰지 못하게 한다.
왜 나더러 가서 하라고 하나요?
선생님은 내게 도서관에 가서 자료를 가져오라고 한다.
형(오빠)은 내게 주방에 가서 라면을 끓이라고 한다.

p 128
A: 오늘 제가 식사 대접할게요. 편히 드세요!
B: 어떻게 그렇게 해요!
A: 사양하지 마세요. 당신들이 다음에 사세요!
B: 마음 써 주셔서 감사합니다.

플러스 표현
생일 축하합니다!
메리크리스마스!
건강하세요!
부자 되세요!
새해 복 많이 받으세요!
한가위, 즐겁게 보내세요!
뜻하시는 일 모두 이루세요!
성공하세요!

인용 자료

제1과
http://shutterstock.com   18쪽

제2과
http://shutterstock.com   28쪽

제3과
http://shutterstock.com   38쪽

제7과
http://shutterstock.com   78쪽
http://image.baidu.com   78쪽

제8과
http://shutterstock.com   88쪽

제9과
http://shutterstock.com   98쪽

제10과
http://shutterstock.com   108쪽

동양북스 분야별 추천 교재

관광

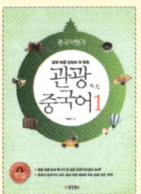
중국어뱅크
관광 중국어 1

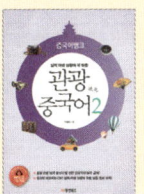
중국어뱅크
관광 중국어 2

중국어뱅크
의료관광 중국어

실무

중국어뱅크
판매 중국어

중국어뱅크
호텔 중국어

중국어뱅크
항공 서비스 중국어

중국어뱅크
비즈니스 실무
중국어 (초·중급)

중국어뱅크
비즈니스 실무
중국어 (중·고급)

어법

버전업!
삼위일체 중문법

똑똑한 중국어
문법책

중국어 문법·
작문 업그레이드

北京大学
중국어 어법의 모든 것

한자·어휘

중국어뱅크
중국어 간체자

중국어뱅크
중국어 간체자
1000

가장 쉬운
독학 중국어 단어장

新 버전업
중국어 한자 암기박사

문화

중국어뱅크
버전업 사진으로
보고 배우는
중국문화

중국어뱅크
시사 따라잡는 독해
중국 읽기

동양북스 단계별 추천 교재 시리즈

	한어구어		스마트 중국어(회화)	베이직 중국어
입문과정	 중국어뱅크 북경대학 한어구어 1	 중국어뱅크 북경대학 12과로 끝내는 한어구어 上	 중국어뱅크 스마트 중국어 STEP 1	 중국어뱅크 베이직 중국어 1
초급과정	 중국어뱅크 북경대학 한어구어 2	 중국어뱅크 북경대학 12과로 끝내는 한어구어 下	 중국어뱅크 스마트 중국어 STEP 2	 중국어뱅크 베이직 중국어 2
초중급과정	 중국어뱅크 북경대학 한어구어 3	 중국어뱅크 북경대학 한어구어 4	 중국어뱅크 스마트 중국어 STEP 3	 중국어뱅크 베이직 중국어 3
중고급과정	 중국어뱅크 북경대학 한어구어 5	 중국어뱅크 북경대학한어구어 6	 중국어뱅크 스마트 중국어 STEP 4	

드림 중국어	실력업 중국어	교양 중국어		

중국어뱅크 DREAM 중국어 회화 1	중국어뱅크 실력UP 1 (스피드 중국어 STEP 1 개정판)	중국어뱅크 비주얼 중국어 회화 1	중국어뱅크 THE 중국어 1	중국어뱅크 NEW스타일 중국어 1

중국어뱅크 DREAM 중국어 회화 2	중국어뱅크 실력UP 2 (스피드 중국어 STEP 2 개정판)	중국어뱅크 비주얼 중국어 회화 2	중국어뱅크 THE 중국어 2	중국어뱅크 NEW 스타일 중국어 2

심화 과정

중국어뱅크 DREAM 중국어 회화 3	중국어뱅크 실력UP 3 (스피드 중국어 STEP 3 개정판)	중국어뱅크 스마트 중국어 독해 STEP 1	중국어뱅크 스마트 중국어 듣기 1	중국어뱅크 스마트 중국어 작문 1

중국어뱅크 DREAM 중국어 회화 4	중국어뱅크 스피드 중국어 회화 중급 독해편	중국어뱅크 스마트 중국어 독해 STEP 2	중국어뱅크 스마트 중국어 듣기 2	중국어뱅크 스마트 중국어 작문 2

동양북스 단계별 추천 수험서 시리즈

新HSK 모의고사

북경대 新HSK
실전 모의고사 6급 / 5급 / 4급 / 3급 / 2급

중국어뱅크 新HSK 이거 하나면 끝!
실전 모의고사 6급 / 5급 / 4급 / 3급

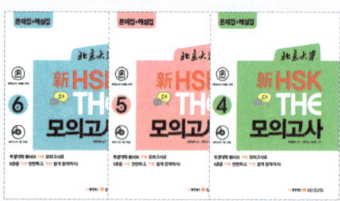

북경대학 新HSK
THE 모의고사 6급 / 5급 / 4급

중국어뱅크 新HSK
기출 적중문제집 6급 / 5급 / 4급

新HSK 종합서

버전업! 新HSK
한 권이면 끝 6급 / 5급 / 4급 / 3급

新HSK 어휘

新HSK VOCA 5000
6급 / 5급

버전업! 新HSK
VOCA 2500 6급 / 5급

新HSK 회화

新HSK 한권이면 끝
고급 회화

新HSK 한권이면 끝
중급 회화

新HSK 한권이면 끝
초급 회화

新HSK 영역별

新HSK 합격 쓰기
6급 / 5급

북경대 新HSK
듣기·독해 공략 6급

BCT / TSC

新BCT 실전 모의고사 A형 / B형

TSC 한 권이면 끝

TSC VOCA

| www.dongyangbooks.com |

새로운 도서, 다양한 자료
동양북스 홈페이지에서 만나보세요!

홈페이지 활용하여 외국어 실력 두 배 늘리기!

홈페이지 이렇게 활용해보세요!

1 도서 자료실에서 학습자료 및 MP3 무료 다운로드!

❶ 도서 자료실 클릭
❷ 검색어 입력
❸ MP3, 정답과 해설, 부가자료 등 첨부파일 다운로드

* 원하는 자료가 없는 경우 '요청하기' 클릭!

2 동영상 강의를 어디서나 쉽게! 외국어부터 바둑까지!

500만 독자가 선택한

가장 쉬운
독학 일본어 첫걸음
14,000원

가장 쉬운
독학 중국어 첫걸음
14,000원

가장 쉬운
프랑스어 첫걸음의 모든 것
17,000원

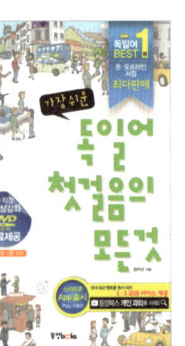
가장 쉬운
독일어 첫걸음의 모든 것
18,000원

가장 쉬운
스페인어 첫걸음의 모든 것
14,500원

버전업! 가장 쉬운
베트남어 첫걸음
16,000원

버전업! 가장 쉬운
태국어 첫걸음
16,800원

가장 쉬운
러시아어 첫걸음의 모든 것
16,000원

가장 쉬운
이탈리아어 첫걸음의 모든 것
17,500원

첫걸음 베스트 1위!

가장 쉬운
포르투갈어 첫걸음의 모든 것
18,000원

가장 쉬운
터키어 첫걸음의 모든 것
16,500원

버전업! 가장 쉬운
아랍어 첫걸음
18,500원

가장 쉬운
인도네시아어 첫걸음의 모든 것
18,500원

가장 쉬운
영어 첫걸음의 모든 것
16,500원

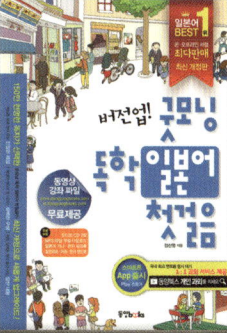
버전업! 굿모닝
독학 일본어 첫걸음
14,500원

가장 쉬운
중국어 첫걸음의 모든 것
14,500원

www.dongyangbooks.com
m.dongyangbooks.com

오늘부터는 팟캐스트로 공부하자!

팟캐스트 무료 음성 강의

▶▶ 1
iOS 사용자

Podcast 앱에서
'동양북스' 검색

▶▶ 2
안드로이드 사용자

플레이스토어에서 '팟빵' 등
팟캐스트 앱 다운로드,
다운받은 앱에서
'동양북스' 검색

▶▶ 3
PC에서

팟빵(www.podbbang.com)에서
'동양북스' 검색
애플 iTunes 프로그램에서
'동양북스' 검색

** 신규 팟캐스트 강의가 계속 추가될 예정입니다.

매일 매일 업데이트 되는 동양북스 SNS!
동양북스의 새로운 소식과 다양한 정보를 만나보세요.

blog.naver.com/dymg98
facebook.com/dybooks
instagram.com/dybooks
twitter.com/dy_books

중국어뱅크

내 손 안의 공식!

내공
중국어 ②

김현철·강미진·육영화·조매염 외 지음

어법책

동양북스

중국어뱅크
내공 중국어 ② 어법책

초판 인쇄 | 2017년 7월 20일
초판 발행 | 2017년 7월 25일

지은이 | 김현철·강미진·육영화·조매염 외
발행인 | 김태웅
편집장 | 강석기
책임 편집 | 김효수
디자인 | 방혜자, 이미영, 김효정, 서진희
마케팅 총괄 | 나재승
마케팅 | 서재욱, 김귀찬, 이종민, 오승수, 조경현
온라인 마케팅 | 김철영, 양윤모
제　작 | 현대순
총　무 | 한경숙, 안서현, 최여진, 강아담
관　리 | 김훈희, 이국희, 김승훈, 이규재

발행처 | (주)동양북스
등　록 | 제 2014-000055호(2014년 2월 7일)
주　소 | 서울시 마포구 동교로22길 12(04030)
전　화 | (02)337-1737
팩　스 | (02)334-6624

http://www.dongyangbooks.com

ISBN 979-11-5768-277-5 14720
ISBN 979-11-5768-271-3 (세트)

ⓒ 2017, 김현철 외

▶ 본 책은 저작권법에 의해 보호를 받는 저작물이므로 무단 전재와 복제를 금합니다.
▶ 잘못된 책은 구입처에서 교환해드립니다.
▶ 이 책은 中國 國家漢辦의 〈國際漢語教學資源開發基金項目〉의 지원으로 제작되었습니다.

이 도서의 국립중앙도서관 출판예정도서목록(CIP)은 서지정보유통지원시스템 홈페이지(http://seoji.nl.go.kr)와
국가자료공동목록시스템(http://www.nl.go.kr/kolisnet)에서 이용하실 수 있습니다.
(CIP제어번호:2017016657)

이 책의 특징 및 활용법

『내공 중국어』의 서브 교재인 「어법책」에서는 초보 학습자들이 중국어를 학습하며 자주 가지는 질문과 그에 대한 대답으로 이루어져 있으며, 학습자의 눈높이에 맞춘 가장 쉬운 설명과 내용으로 이루어져 있습니다.

또한 학습자에 따라 선택적으로 학습할 수 있도록 주 교재와 분리 구성되어 있습니다.

❶ 주요 어법 파악하기

▶ 매 과의 첫 페이지에는 해당 과에서 배우는 내용의 핵심 어법 문장이 제시됩니다. 눈에 쏙 들어오는 구성으로 중국어 문장의 구조를 익힐 수 있습니다. 제시된 삽화를 보며 문장의 의미 또한 파악하도록 합니다.

❷ Q&A로 어법 쉽게 알기

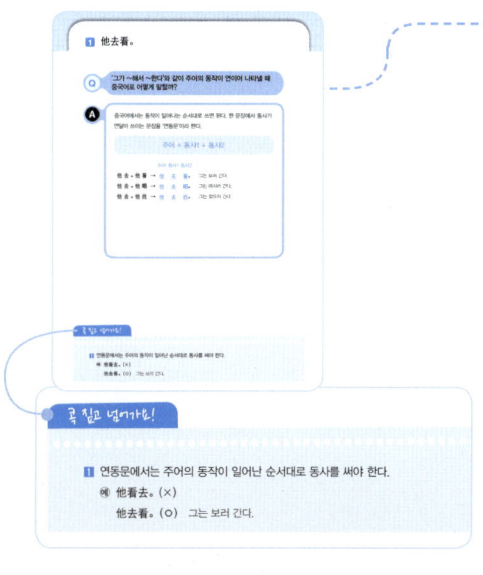

▶ 과마다 3~4개의 주요 어법에 관한 질문과 대답으로 이루어져 있습니다.

질문은 초보 학습자들이 주로 가지는 질문들로 구성되어 있고, 대답은 문장의 구조를 잘 알 수 있도록 문장 형식과 예문을 적절하게 제시합니다. 어법 사항으로 제시된 문장은 비교적 자주 쓰이는 주요 문장들이니 예문과 함께 용법을 숙지하도록 합니다.

〈콕 짚고 넘어가요!〉는 한국어의 언어습관 때문에 쉽게 범하는 잘못된 표현들을 예로 들어 실수하기 쉬운 부분들을 짚고 넘어가도록 합니다.

이 책의 차례

이 책의 특징 및 활용법 3
이 책의 차례 4

1. 연동문 5
2. 过 10
3. 비교문 15
4. 보어 20
5. 부사 25
6. 개사1 31
7. 개사2 36
8. 방향보어 41
9. 着/在 46
10. 능원동사1 51
11. 능원동사2 54
12. 겸어문 59

第1课

연동문

👁 내 눈에 쏙 어법

他　　去　　看。

他　　去　　看书。

他　　去学校　　看书。

1 他去看。

Q '그는 ~해서 ~한다'와 같이 주어의 동작이 연이어 나타낼 때 중국어로 어떻게 말할까?

A 동작이 일어나는 순서대로 동사를 쓰면 된다. 한 문장에서 동사가 연달아 쓰이는 문장을 '연동문'이라 한다.

주어＋동사1＋동사2

주어 동사1 동사2
他去 + 他看 → 他 去 看。 그는 보러 간다.
他去 + 他打 → 他 去 打。 그는 치러 간다.
他去 + 他找 → 他 去 找。 그는 찾으러 간다.

꼭 짚고 넘어가요!

1 연동문에서는 주어의 동작이 일어난 순서대로 동사를 써야 한다.
  예) 他看去。(×)
  　　他去看。(○)　그는 보러 간다.

2 他去看书。

Q '그는 ~을 하러 간다'와 같이 빈어가 나올 때 중국어로 어떻게 말할까?

A 주어의 '가다'라는 동작 후에 '책을 보다'의 동작이 이어지므로 두 번째 동사 뒤에 빈어를 쓰면 된다.

주어＋동사1＋동사2＋빈어

주어 동사1 동사2 빈어

他去 + 他看书 → 他 去 看 书。
그는 책을 보러 간다.

他去 + 他打篮球 → 他 去 打 篮球。
그는 농구를 하러 간다.

他去 + 他找人 → 他 去 找 人。
그는 사람을 찾으러 간다.

콕 집고 넘어가요!

1 연동문에서 주어는 문장의 맨 앞에 써야 한다.
   예) 去他打篮球。(✗)
   　　他去打篮球。(○)　그는 농구를 하러 간다.

3 他去学校看书。

Q '그는 ~을 하러 ~에 간다'와 같이 어떤 '장소'에 가서 무엇을 한다는 표현은 중국어로 어떻게 말할까?

A 주어가 어떤 장소에 가고 나서 다음 동작이 발생하므로 첫 번째 동작 뒤에 장소를 쓴다.

주어＋동사1＋빈어1(장소)＋동사2＋빈어2

| | 주어 | 동사1 | 빈어1 | 동사2 | 빈어2 |

他去学校 + 他看书 → 他 去 学校 看 书。
그는 책을 보러 학교에 간다.

他来这儿 + 他打篮球 → 他 来 这儿 打 篮球。
그는 농구를 하러 여기 온다.

哥哥来餐厅 + 哥哥找人 → 哥哥 来 餐厅 找人。
형(오빠)은 사람을 찾으러 식당에 온다.

4 他去公园看看。

Q '그는 ~에 가서 ~을 좀 하다'는 중국어로 어떻게 표현할까?

A '좀 본다(看看)'와 같이 동사중첩을 사용할 경우 두 번째 동사를 중첩한다.

주어＋동사＋빈어＋동사중첩

	주어	동사	빈어	동사중첩

他去公园 + 他看看 → 他 去 公园 看看。
그는 공원에 가서 좀 본다.

他去公园 + 他休息休息 → 他 去 公园 休息休息。
그는 공원에 가서 좀 쉰다.

콕 집고 넘어가요!

1. 연동문에서 동태조사 '了', '过'는 맨 끝의 동사 뒤에 온다.
   예) 我去市场买了菜。 나는 시장에 가서 채소를 샀다.
   我去公园踢过足球。 나는 공원에 가서 축구를 해 보았다.
2. 부사나 부정부사는 보통 첫 번째 동사 앞에 온다.
   예) 他常常去学校看书。 그는 종종 학교에 가서 책을 본다.
   他没(不)去学校看书。 그는 학교에 가서 책을 보지 않았다.

第2课

过

내 눈에 쏙 어법

看过 → 看过 地图 。
看过 三次 地图。
→ 看过 没有 ？

1 看过

Q '~한 적이 있다'와 같은 경험 표현은 중국어로 어떻게 말할까?

A 동사 뒤에 '~过(~한 적이 있다)'를 붙이면 된다.

> 동사+过

동사	过	
看	过。	본 적이 있다.
打扫	过。	청소한 적이 있다.
住	过。	거주한 적이 있다.

2 看过地图。

Q '~을 ~해 본 적이 있다'와 같이 빈어가 나올 때 중국어로 어떻게 말할까?

A 빈어는 '동사 + 过' 뒤에 붙이면 된다.

동사+过+빈어

동사	过	빈어	
看	过	地图。	지도를 본 적이 있다.
打扫	过	房间。	방을 청소한 적이 있다.
住	过	饭店。	호텔에 묵은 적이 있다.

콕 집고 넘어가요!

1 '过'는 동사 뒤, 빈어 앞에 써야 한다.
   예) 看地图过。(×)   住饭店过。(×)
       看过地图。(○)   住过饭店。(○)

3 看过三次地图。

Q '~을 몇 번 ~해 본 적이 있다'와 같이 경험의 횟수를 나타낼 때 중국어로 어떻게 말할까?

A 양사 '次'를 사용하여 경험의 횟수를 나타낼 수 있다.

> 동사＋过＋x次＋빈어

동사	过	x次	빈어	
看	过	三次	地图。	지도를 세 번 본 적이 있다.
打扫	过	一次	房间。	방을 한 번 청소한 적이 있다.
住	过	两次	饭店。	호텔에 두 번 묵은 적이 있다.

콕 집고 넘어가요!

1 양사는 동사 뒤, 빈어 앞에 써야 한다.
　예) 打扫过房间一次。(×)　　打扫过一次房间。(○)
2 지금도 여전히 진행되는 동작에는 '过'를 사용하지 않는다.
　예) 他常常去过公园。(×)　　他常常去公园。(○)
3 연동문에서는 마지막 동사 뒤에 '过'를 사용한다.
　예) 我去学校看过书。 나는 학교에서 책을 본 적이 있다.

4 看过没有?

Q '~해 본 적이 있나요 없나요?'와 같이 경험을 물을 때 중국어로 어떻게 말할까?

A 문장 뒤에 '没有'를 넣어 경험을 물을 수 있다.

동사+过+没有?

동사	过	没有?	
看	过	没有?	본 적이 있나요 없나요?
打扫	过	没有?	청소한 적이 있나요 없나요?
住	过	没有?	거주한 적이 있나요 없나요?

콕 집고 넘어가요!

1 빈어가 나올 때는 '동사+过+빈어+没有?'의 순서가 된다.
  예) 看过没有书? (×)   打扫过没有房间? (×)
      看过书没有? (○)   打扫过房间没有? (○)

第3课

비교문

👁 내 눈에 쏙 어법

比
- 我比你 漂亮 。
- 我比你 更 漂亮。
- 我比你漂亮 一点儿 。

有
- 我有你 漂亮 。
- 我 没 有你漂亮。

1 我比你漂亮。

Q '주어는 빈어보다 ~하다'와 같이 비교를 나타낼 때 중국어로 어떻게 표현할까?

A 비교를 나타내고 싶을 땐 '比'를 사용하여 말할 수 있다. '주어+比+빈어+형용사'라고 하면 '주어는 빈어보다 ~하다'라는 뜻이 된다. 뒤에는 형용사가 많이 사용된다.

> 주어+比+빈어+형용사

주어	比	빈어	형용사	
我	比	你	漂亮。	나는 너보다 예쁘다.
我	比	你	高。	나는 너보다 크다.
公园	比	学校	远。	공원은 학교보다 멀다.
今天	比	昨天	冷。	오늘은 어제보다 춥다.

콕 집고 넘어가요!

1 비교문에서 형용사 외에도 동사가 오는 경우가 있다. 동사가 오는 경우에는 동사 단독으로 쓰이는 경우가 거의 없다.
   예) 她比我跑。(×)   她比我跑得快。(○) 그녀는 나보다 더 빨리 뛴다.

2 '比자문'을 부정할 때는 '不'를 사용하여 부정할 수 있다.
   예) 我不比你漂亮。 나는 너보다 예쁘지 않다.

2 我比你更漂亮。

Q '주어는 빈어보다 더 ~하다'는 중국어로 어떻게 말할까?

A 형용사 앞에 '更' 혹은 '还'를 사용하여 나타낼 수 있다. 이 외에 '都', '稍微'를 사용하여 나타낼 수 있다.

> 주어 + 比 + 빈어 + 更/都/还/稍微 + 형용사

주어	比	빈어	更/都/还/稍微	형용사	
我	比	你	更	漂亮。	나는 너보다 더 예쁘다.
我	比	他们	都	高。	나는 그들보다 더 크다.
操场	比	教室	还	远。	운동장은 교실보다 더 멀다.
今天	比	昨天	稍微	冷。	오늘은 어제보다 좀 춥다.

콕 집고 넘어가요!

1 '最'는 '比자문'에서 사용하지 않는다. 최상급을 나타낼 때 '最'를 써서 나타낸다.
 예) 我比你最漂亮。(×)
　　我比你更漂亮。(○)
　　我们班里她最漂亮。(○) 우리 반에서 그녀가 제일 예쁘다.

3 我比你漂亮一点儿。

Q 비교문에서 정도를 나타낼 때 또 어떤 표현들이 있을까?

A 형용사 뒤에 '一点儿/一些/得多/多了'를 사용하여 정도를 나타낼 수도 있다.

주어＋比＋빈어＋형용사＋一点儿/一些/得多/多了

주어	比	빈어	형용사	一点儿/一些/得多/多了	
我	比	你	漂亮	一点儿。	나는 너보다 더 예쁘다.
男朋友	比	我	高	一些。	남자 친구는 나보다 약간 크다.
操场	比	教室	远	得多。	운동장은 교실보다 훨씬 멀다.
今天	比	昨天	冷	多了。	오늘은 어제보다 훨씬 춥다.

4 我有你漂亮。

Q 중국어에서 비교문을 만드는 방식에는 또 무엇이 있을까?

A '比' 외에도 '有'를 사용하여 비교를 나타낼 수 있다. 부정을 나타낼 때는 '没有'를 써서 나타낸다.

> 주어＋有/没有＋빈어＋형용사

주어	有/没有	빈어	형용사	
我	有	你	漂亮。	나는 너만큼 예쁘다.
我	有	你	高。	나는 너만큼 크다.
公园	没有	学校	远。	공원은 학교보다 멀지 않다.
今天	没有	昨天	冷。	오늘은 어제보다 춥지 않다.

 꼭 짚고 넘어가요!

1 이 외에도 '不如'를 이용해 비교를 나타낼 수 있다. 이 경우 'A+不如+B'를 사용하는데 'A는 B에 미치지 못한다'의 의미를 나타낸다.

예) 我不如他跑得快。 나는 그보다 빨리 달리지 못한다.
    这本书不如那本书有意思。 이 책은 저 책 보다 재미 없다.

第4课

보어

내 눈에 쏙 어법

결과보어   我看 见 了。

가능보어   我看 得 见。

정도보어   我看 得 多。

            看 书 看 得 多。

1 我看见了。

Q '나는 보았다'와 같은 동작의 결과 표현은 중국어로 어떻게 말할까?

A '결과보어'를 사용해서 결과를 나타낼 수 있다. 중국어에서 '보어'는 보통 동사 뒤에 쓰여 동사를 보충 설명하는 성분이다. 예를 들어 '**我看见了**(나는 보았다)'와 같이 동사 뒤에 '**见**'이라는 결과보어를 붙여 동작의 결과를 말할 수 있다. 이 외에 '**好/懂/完/到/错/对/清楚**'의 결과보어를 사용할 수 있다.

> 주어＋동사＋결과보어＋了

주어	동사	결과보어	了	
我	看	见	了。	나는 보았다.
我	看	懂	了。	나는 보고 이해했다.
我	看	好	了。	나는 다 보았다.

꼭 짚고 넘어가요!

1 결과보어는 동사 또는 형용사만 사용할 수 있다.
　예) 吃饱了　배부르다
　　　睡好了　잘 잤다

2 동사와 결과보어 사이에는 다른 성분을 넣지 않는다. '了' 역시 결과보어 뒤에 놓는다.
　예) 看了见 (×)　　看见了 (O)

2 我看得见。

Q '나는 볼 수 있다'와 같은 동작의 가능 표현은 중국어로 어떻게 말할까?

A 동작의 가능 표현은 '가능보어'를 사용해서 말할 수 있다. 가능보어는 동사와 가능보어 사이에 '得'를 써서 나타낼 수 있다. 가능보어는 결과보어 혹은 방향을 나타내는 방향보어를 사용해서 나타낼 수 있다.

> 주어＋동사＋得＋가능보어

주어	동사	得	가능보어	
我	看	得	见。	나는 볼 수 있다.
我	听	得	懂。	나는 알아들을 수 있다.
我	回	得	来。	나는 돌아올 수 있다.
我	站	得	起来。	나는 일어설 수 있다.

꼭 짚고 넘어가요!

1 '~할 수 없다'와 같이 불가능을 나타낼 때는 '주어＋동사＋不＋가능보어'로 쓰면 된다.
- 예) 我看得见。 나는 볼 수 있다. → 我看不见。 나는 볼 수 없다.
- 예) 我看得懂。 나는 보고 이해할 수 있다. → 我看不懂。 나는 보고 이해할 수 없다.

3 我看得多。

Q '나는 많이 본다'와 같은 동작의 정도 표현은 중국어로 어떻게 말할까?

A 동작의 성질, 상태의 정도를 나타낼 때는 정도보어를 사용한다. '**看得多**(많이 본다)'라 하면 본 정도가 많다는 것을 의미한다. 술어에는 동사 또는 형용사를 사용한다.

> 주어＋술어(동사/형용사)＋得＋정도보어

주어	술어	得	정도보어	
我	看	得	多。	나는 많이 본다.
我	吃	得	饱。	나는 배불리 먹는다.
我	跑	得	快。	나는 빨리 달린다.

꼭 짚고 넘어가요!

1. 정도보어에는 형용사, 정도부사가 주로 쓰인다. 정도부사는 '很, 极, 透' 등을 쓴다.
   - 예) 我忙得很。 나는 매우 바쁘다.
   - 他帅极了。 그는 대단히 멋있다.
2. 정도보어를 부정할 때는 '不'를 써서 정도보어 부분을 부정한다.
   - 예) 我跑得快。 나는 빨리 달린다. → 我跑得不快。 나는 빨리 달리지 못한다.

4 看书看得多。

Q '책을 많이 본다'와 같은 정도 표현은 중국어로 어떻게 말할까?

A 빈어가 있을 때는 동사와 빈어를 먼저 쓴 뒤, 동사와 정도보어를 사용한다. 예를 들어 '看书看得多(책을 많이 본다)'와 같이 동사 '看'을 중복하여 정도보어와 함께 나타낸다.

> 동사＋빈어＋동사＋得＋정도보어

동사	빈어	동사	得	정도보어	
看	书	看	得	多。	책을 많이 본다.
吃	饭	吃	得	饱。	밥을 배불리 먹는다.
跑	短跑	跑	得	快。	단거리를 빨리 달린다.

콕 집고 넘어가요!

1 빈어가 함께 쓰일 때는 동사를 중복해 써야 한다.
　예) 看书得多。(×)　　　　　吃饭得饱。(×)
　　　看书看得多。(O) 책을 많이 본다.　吃饭吃得饱。(O) 밥을 많이 먹는다.

第5课

부사

내 눈에 쏙 어법

今天 不 去逛街。

老师留的作业 已经 做完了。

这个汉字很难，写100遍 才 记住。

他 又 说了一遍。

1 今天不去逛街。 vs 今天没去逛街。

Q 중국어에서 부정 의미를 나타내는 방법으로는 어떤 것들이 있을까?

A 술어 앞에 부정부사 '不', '没(有)'를 사용해 부정 의미를 나타낼 수 있다.

不 / 没(有) + 술어 + (빈어)

부정부사	부정 대상	해석
不	동작, 사실을 부정	'~하지 않는다' '~이 아니다'
没(有)	동작의 발생을 부정	'~하지 않았다'

她<u>不</u>来。 그녀는 오지 않는다.
她<u>没(有)</u>来。 그녀는 오지 않았다.
我<u>不</u>去百货商店买衣服。 나는 백화점에 가서 옷을 사지 않는다.
我<u>没</u>去百货商店买衣服。 나는 백화점에 가서 옷을 사지 않았다.
他<u>不</u>是学生。 그는 학생이 아니다.　他<u>没(有)</u>是学生。(X)

콕 집고 넘어가요!

1 '不'는 미래시제에 사용할 수 있지만, '没'는 미래시제에 사용할 수 없다.
　예) 明天我没(有)来。(X)　　　明天我不来。(O) 내일 나 안 와.
2 '有'와 같이 소유를 나타내는 동사를 부정할 때는 반드시 '没'를 사용해야 한다.
　예) 他没有弟弟。 그는 남동생이 없다.

2 今天别去逛街。

Q 상대방의 행동을 말리거나 금지할 때 중국어로 어떻게 말할까?

A 술어 앞에 부사 '**别**'를 사용하여 금지를 나타낼 수 있다.

> **别**＋술어＋(빈어)

别笑！ 웃지 마!
你**别**怕我。 나를 무서워하지 말아라.
别难过。 괴로워하지 말아라.

콕 집고 넘어가요!

1. '别'와 '别…了'는 차이가 있다. '别'는 상대방의 행동을 말리거나 금지하지만, '别…了'는 상대방이 어떤 행동을 하지 않기를 바라며 권유하는 의미가 있다.

예) 别喝。 别喝了。
　　마시지 마라.(금지)　　마시지 마라.(권유)

3 已经 vs 刚刚 vs 马上

Q 동작이 언제 일어났는지를 표현하려면 중국어로 어떻게 말할까?

A 술어 앞에 시간부사 '已经', '刚刚', '马上'을 사용하여 동작이 일어난 시간을 표현할 수 있다.

已经/刚(刚)/马上＋술어＋(빈어)

已经	과거에 이미 동작이 일어났음을 나타낸다.
刚刚	바로 얼마 전에 동작이 일어났음을 나타낸다. '刚'으로도 쓸 수 있다.
马上	동작이 곧 일어날 것임을 나타낸다.

他的女儿已经结婚了。　　그의 딸은 이미 결혼했다.
他刚(刚)出门。　　그는 방금 외출했다.
稍等一会儿，我马上过去！　잠시만 기다려, 내가 금방 갈게!

1 '已经'은 이미 동작이 이루어지거나 변화가 일어난 시간이 어느 정도 지났음을 나타낸다. '刚(刚)'은 시간이 얼마 흐르지 않았음을 나타낸다.

예) 他已经走了。　　　　　他刚(刚)走了。
　　그는 이미 떠났다.　　　그는 방금 떠났다.
예) 前两年这个问题已经解决了。　这个问题刚(刚)解决。
　　2년 전에 이 문제는 이미 해결되었다.　이 문제는 방금 해결되었다.

4 写100遍才记住。vs 写1遍就记住了。

Q 시간부사 '才'와 '就'는 어떤 차이가 있을까?

A 시간부사 '才'와 '就'는 모두 시간이나 횟수를 나타내는 말 뒤에 사용되는데, '才'는 예상보다 동작이 늦게, 천천히, 어렵게 진행됨을 나타내고, '就'는 예상보다 동작이 일찍, 빨리, 순조롭게 진행됨을 나타낸다.

> 시간/횟수를 나타내는 말+才/就+술어

这本书他念了十遍才背。
이 책은 그가 10번 읽고서야 겨우 외웠다.

这本书他念了一遍就背了。
이 책은 그가 1번 읽고 바로 외웠다.

九点上课，她九点半才来。
9시에 수업이 시작되는데, 그녀는 9시 30분에야 왔다.

九点上课，她八点半就来了。
9시에 수업이 시작되는데, 그녀는 8시 30분에 벌써 왔다.

5 又 vs 也 vs 再

Q '또 한번 ~하다', '다시 ~하다'와 같이 동일한 동작이 반복될 때는 중국어로 어떻게 말할까?

A 술어 앞에 빈도부사 '又', '也', '再'를 사용해 동일한 동작의 반복을 나타낼 수 있다.

> 又/也/再 + 술어 + (빈어)

又	동작의 중복과 반복을 나타낸다. 이미 발생한 상황에 사용한다. (과거)
再	동작의 중복과 반복을 나타낸다. 아직 발생하지 않은 상황에 사용한다. (미래)
也	동일한 동작이 일어남을 나타낸다. 앞 문장 또는 앞 절에서 언급한 동작이 동일하게 발생함을 나타낸다.

他昨天来过，今天又来了。
그는 어제 왔었는데, 오늘 또 왔다.

我听不懂，请老师再讲一遍。
저는 이해가 되지 않는데, 선생님께서 한번 더 설명해 주세요.

我的哥哥学汉语，我也学汉语。
내 형(오빠)은 중국어를 배우고 나도 중국어를 배운다.

꼭 짚고 넘어가요!

1 又 … 了 (○) vs 再 … 了 (×)

第6课

개사 1

👁 내 눈에 쏙 어법

从 学校 到 机场需要1个小时30分钟。
学校 离 机场需要1个小时30分钟。

我 对 这件事 不清楚。

为 妈妈 买礼物。

1 从你开始发表。

Q '~에서부터'와 같이 출발점을 나타낼 때는 중국어로 어떻게 말할까?

A 장소나 시간 앞에 개사 '从'을 붙여서 출발 장소(지점)와 출발 시간(시점)을 나타낼 수 있다.

> 从 + 출발점(장소/시간)

他是从中国来的。　　그는 중국에서 왔다.
足球比赛从十点开始。축구 경기는 10시부터 시작한다.

'从+출발점' 뒤에 '到+도착점'을 붙여 장소나 시간의 범위를 나타낼 수 있다.

从北京到广州很远。　　　　　　베이징에서부터 광저우까지는 멀다.
从星期一到星期三一直下了雪。월요일부터 수요일까지 계속 눈이 내렸다.

2 离机场需要1个小时30分钟。

Q 중국어에서 간격을 나타내는 표현에는 어떤 것이 있을까?

A 개사 '离'를 사용해 기준점으로부터의 간격을 나타낼 수 있다.

> 离 + 기준점(장소/시간)

离学校不远，快走吧！ 학교에서 멀지 않으니 어서 가자!
釜山离首尔四百公里。 부산은 서울에서 400km 된다.
离暑假只有一天了。 여름 방학까지 하루만 남았다.

'从+출발점'과 '离+기준점'을 구분해야 한다.

从学校到机场需要1个小时30分钟。(学校 → 机场)
학교에서 공항까지 1시간 30분이 걸린다.

学校离机场需要1个小时30分钟。(学校 — 机场)
학교는 공항에서 1시간 30분이 걸린다.

콕 집고 넘어가요!

1 사람을 나타내는 명사나 대명사가 '从', '离'의 뒤에 올 때는 반드시 '这儿'이나 '那儿'을 붙여야 한다.
예) 我从他那儿出发。 나는 그가 있는 곳에서 출발한다.
离我这儿有多远? 내가 있는 곳에서 얼마나 멀어?

3 我对这件事不清楚。

Q '~에 대해'와 같이 말할 대상을 이끌어 낼 때는 중국어로 어떻게 말할까?

A 개사 '对'를 사용하면 된다. '对' 뒤에 대상을 붙여 화제를 이끌어 낼 수 있다.

> 对+빈어+술어

总经理对他完全信任。 사장은 그를 완전히 신임한다.
我对这件事不太了解。 나는 이 일에 대해 잘 알지 못한다.

'对…感兴趣'는 '~에 흥미가 있다'의 의미를 나타낸다.

妈妈对书法很感兴趣。 엄마는 서예에 흥미가 있다.

'对…来说'는 '~에게 있어서', '~에 대해 말하자면'의 의미를 나타낸다.

对我来说，听说课比阅读课有意思。
나에게 있어서, 듣기·말하기 수업은 독해 수업보다 재미있다.

4 为妈妈买礼物。

Q '~에게'는 중국어로 어떻게 말할까?

A 개사 '为'를 사용해 표현할 수 있다. 이때 대상은 '为' 뒤에 위치하며 주로 어떤 이득을 얻는다.

> 为＋빈어＋술어

为她唱歌。　　　그녀에게 노래한다.
他每天为我做饭。　그는 매일 나에게 밥을 해준다.

'为…'는 '~에게', '~을 위하여'와 같이 대상을 나타낼 수 있다. 이 외에도 '~때문에', '~하기 위하여'와 같이 원인이나 목적을 나타낼 수도 있다. 이때 '为' 대신 '为了'를 쓸 수도 있다.

妈妈为这件事很担心。
엄마는 이 일 때문에 걱정이다.

为了提高成绩，她努力学习。
성적을 올리기 위해 그녀는 열심히 공부한다.

第7课

개사 2

👁 내 눈에 쏙 어법

你 跟 他学一学。

给 我打电话。

你 把 昨天的资料看看。

书 被 他弟弟弄坏了。

1 你跟他学一学。

Q '~와/과'를 중국어로 어떻게 말할까?

A 개사 '跟' 뒤에 사람을 나타내는 명사나 대사를 사용해서 말할 수 있다.

> 跟+빈어+술어

他跟他的女朋友一起去游乐园。
그는 그의 여자 친구와 함께 놀이공원에 간다.

我弟弟跟同学去图书馆学习。
내 남동생은 반 친구와 공부하러 도서관에 간다.

'跟'을 사용해 주어와 '跟' 뒤의 대상을 비교할 수 있다.

我昨天买的书包跟我朋友的一样。
내가 어제 산 책가방은 내 친구의 것과 (모양이) 똑같다.

跟昨天比，今天天气更好一点儿。
어제와 비교하면, 오늘은 날씨가 조금 더 좋다.

꼭 짚고 넘어가요!

1 뒤쪽에 빈어가 올 수 없는 이합사는 '跟'을 사용해서 동작의 대상을 이끌어 내야 한다.
   예) 明天我跟他见面。 내일 나는 그와 만난다.
   　　我妹妹跟他结婚了。 내 여동생은 그와 결혼했다.

2 给我打电话。

Q '给…'도 '~에게'를 나타내는데 '为…'와 어떤 차이가 있을까?

A '为'의 대상은 주로 어떤 이득을 얻는다. '给'의 대상은 이득을 얻을 수도 있지만 아무런 이득도 없거나, 심지어 피해를 입을 수도 있다. 이해하기 어렵다면, '为'는 행위의 대상·목적에 중점, '给'는 행위의 동작성에 중점(주다, 피동·사동의 의미가 부가되어 있음)을 둔다고 단순하게 생각하자.

给 + 빈어 + 술어

他每天给我做饭。
그는 매일 나에게 밥을 해준다.

请你给他寄一封信。
그에게 편지 한 통만 부쳐 주시기 바랍니다.

老师每天给我们布置写作作业。
선생님은 매일 우리에게 쓰기 숙제를 내어 준다.

 콕 집고 넘어가요!

1. '给'는 개사로 사용될 수도 있고, 동사로 사용될 수도 있다. '给'가 개사로 사용될 때는 뒤에 다시 술어가 나온다.
   예) 我给他送一件礼物。 나는 그에게 선물을 보냈다.
   我给了他一件礼物。 나는 그에게 선물을 주었다.

3 你把昨天的资料看看。

Q 상대방에게 무언가를 '처리'할 것을 요청하고 그 결과를 강조할 때는 어떻게 말할까?

A 개사 '把'를 사용한 문장을 '처리문' 또는 '把자문'이라고 한다. 처리문은 술어가 나타내는 동작을 거쳐 '처리'된 결과를 강조할 수 있다. 상대방에게 무언가를 '처리'할 것을 명령하거나 요청할 때도 '把자문'을 사용할 수 있다.

> 주어(행위자)＋把＋빈어(동작의 대상)＋술어(동작)＋ 부가성분(대상이 처리된 결과)

你把茶喝了。 너는 차를 마셔라.

请您把身份证给我。 신분증을 저에게 주시기 바랍니다.

처리문은 빈어가 '처리'된 결과를 강조하므로 반드시 술어 뒤에 동작의 결과를 나타낼 수 있는 부가성분이 있어야 한다. 부가성분은 동사의 중첩, 보어, 조사 '了', '一下' 등이 자주 사용된다.

행위자	把	대상	동작	부가성분(대상이 처리된 결과)
你	把	那个苹果	放	在桌子上。

너는 저 사과를 책상 위에 두어라.

你	把	这本书	借	给他。

너는 이 책을 그에게 빌려 주어라.

4 书被他弟弟弄坏了。

Q '피동'의 의미를 표현하려면 중국어로 어떻게 말할까?

A 개사 '被'를 사용하면 '~을 당하다'와 같은 피동의 의미를 나타낼 수 있다. '被'가 사용된 문장은 '被자문'이라고 한다.

> 주어(동작의 대상) + 被 + 빈어(행위자) + 술어(동작) + 부가성분(동작의 결과)

那本书被我朋友借走了。
그 책은 내 친구에 의해 빌려가졌다.

衣服被我弟弟弄脏了。
옷은 동생에 의해 지저분해졌다.

'被자문'에서는 술어 뒤에 반드시 보어, 조사 '了'나 '过' 등 동작의 결과나 영향을 설명하는 부가성분을 붙여야 한다.

대상	被	행위자	동작	부가성분(동작의 결과)
帽子	被	风	吹	掉了。 모자가 바람에 의해 떨어졌다.
房间	被	妈妈	打扫	干净了。 방이 엄마에 의해 깨끗하게 청소되었다.

꼭 짚고 넘어가요!

1 처리문과 '被자문'에서 부사는 '把', '被'의 앞에 위치한다.
　예) 你别把菜放在桌子上。 너는 음식을 책상 위에 두지 말아라.
　　　那个小偷还没被抓住。 그 도둑은 아직 붙잡히지 않았다.

第8课

방향보어

👁 내 눈에 쏙 어법

你拿来吧!

他跑进去了。

他毕业以后,回首尔来了。

他习惯迟到,今天也跑进教室来了。

1 你拿来吧！

Q '你拿来吧!(네가 가지고 와!)'는 동사 '拿'와 '来'가 연이어 사용되었으니 연동문일까?

A 아니다. 동사 '来', '去', '上', '下' 등은 다른 동사 뒤에서 보어로 사용되어 동작의 방향을 나타낼 수 있다. 이를 단순방향보어라고 한다.

> 동사+来/去/上/下

妈妈买来一些东西。
엄마가 물건을 사왔다.

他给朋友寄去了一封信。
그는 친구에게 한 통의 편지를 부쳤다.

我登上了山顶。
나는 산 꼭대기에 올랐다.

她坐下了。
그녀는 앉았다.

동작이 말하는 사람 쪽으로 올 때는 '来', 말하는 사람에게서 멀어질 때는 '去'를 사용한다. 또한, 동작이 말하는 사람의 위쪽으로 향할 때는 '上', 아래쪽으로 향할 때는 '下'를 사용한다.

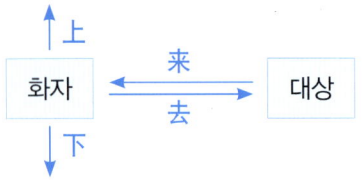

2 他跑进去了。

Q '来', '去', '上', '下'는 나타낼 수 있는 방향이 너무 단순한데, 좀 더 복잡한 방향을 나타내는 방법은 무엇일까?

A '进', '出', '回', '过' 뒤에 '来'나 '去'를 더하여 좀 더 복잡한 방향을 나타낼 수 있다. 이것이 보어로 사용될 때 복합방향보어라고 한다.

> 동사 + 进/出/回/过 + 来/去

孩子们跑进来了。
아이들이 뛰어 들어왔다.

别把这件事说出去！
이 일을 발설하지 말거라!

她勉强走进去。
그녀는 마지못해 걸어 들어갔다.

他走过来跟她聊天儿。
그가 건너와 그녀와 이야기한다.

복합 방향보어	방향	화자의 위치
进来	밖에서 안으로 이동	안
进去	밖에서 안으로 이동	밖
出来	안에서 밖으로 이동	밖
出去	안에서 밖으로 이동	안
回来	원래의 자리(집, 모국, 출발지 등)로 이동	원래 자리
回去	원래의 자리(집, 모국, 출발지 등)로 이동	원래 자리가 아님
过来	어떤 장소를 지나거나 기준점을 향해 이동	기준점
过去	어떤 장소를 지나거나 기준점을 떠나 다른 장소로 이동	기준점

3 他毕业以后，回首尔来了。

Q 단순방향보어를 사용할 때 장소를 나타내는 빈어는 동사와 보어 사이에 있어야 할까? 보어 뒤에 있어야 할까?

A 장소 명사로 된 빈어는 반드시 동사와 단순방향보어 사이에 위치해야 한다.

동사 + 빈어(장소) + 来/去

爸爸回办公室去了。(O)   아빠는 사무실로 돌아갔다.
爸爸回去办公室了。(X)

4 他习惯迟到，今天也跑进教室来了。

Q 복합방향보어를 사용할 때 장소를 나타내는 빈어의 위치는 어디일까?

A 장소 명사로 된 빈어는 반드시 복합방향보어의 사이에 위치해야 한다.

> 동사＋进/出/回/过＋빈어(장소)＋来/去

她们一起<u>走进</u>咖啡厅<u>去</u>了。(O) 그녀들은 함께 카페에 들어갔다.
她们一起<u>走进去</u>咖啡厅了。(X)

第9课

着/在

👁 내 눈에 쏙 어법

他唱 着 歌儿。

看 着 比赛日程等女朋友。

他 在 唱歌儿。

他 正在 睡觉。

1 他唱着歌儿。

Q 동작이나 상태의 '지속'은 중국어로 어떻게 표현할까?

A 동사 뒤에 '着'를 붙여서 상태가 지속되고 있음을 표현할 수 있다.

> 주어＋동사＋着＋빈어

他拿着麦克风。 그는 마이크를 들고 있다.
她穿着白色的裤子。 그녀는 하얀 바지를 입고 있다.

콕 집고 넘어가요!

1. 지속의 부정은 '没…着'를 사용해야 한다.
   ㉠ 他不穿着衣服。(×)   他没穿着衣服。(○) 그는 옷을 입고 있지 않다.
2. 아래처럼 동작의 지속에도 쓰일 수 있다는 점에 주의해야 한다.
   ㉠ 雨不停地下着。 비가 계속해서 내리고 있다.

2 看着比赛日程等女朋友。

Q 연동문에도 '지속'을 표현할 수 있을까?

A 첫 번째 동작이 지속되는 가운데, 두 번째 동작이 행해지는 것을 나타낼 수 있다.

> 주어＋동사1＋着＋빈어1＋동사2＋빈어2

他喝着咖啡玩儿游戏。 그는 커피를 마시며 게임을 한다.
他拿着手机做作业。 그는 휴대전화를 쥐고 숙제를 한다.

꼭 짚고 넘어가요!

1 '着'를 첫 번째 동사 뒤에 붙여야 한다는 점에 주의해야 한다.
   예) 他拿手机做着作业。(×)
       他拿着手机做作业。(○)

3 他在唱歌儿。

Q 중국어에서 동작의 진행은 어떻게 중국어로 표현할까?

A 동사 앞에 '在'를 써서 동작의 진행을 표현할 수 있다.

주어＋在＋동사＋빈어

他在打篮球。　　그는 농구를 하고 있다.
他们在看电视。　그들은 TV를 보고 있다.

콕 집고 넘어가요!

1 진행을 나타내는 '在'는 부사이므로, 지속의 '着'와 다르게 동사 뒤가 아니라 앞에 붙는다는 점에 주의해야 한다.
　예) 他们看在电视。(×)
　　　他们在看电视。(○)

4 他正在睡觉。

Q 동작의 진행을 나타내는 다른 방식도 있을까?

A 동사 앞에 '正在/正/在'를 쓰거나 문장 끝에 '呢'를 사용하여 진행을 표현할 수도 있다.

주어＋正在/正/在＋동사＋빈어＋(呢)

他们<u>正在</u>休息。　　그들은 마침 쉬고 있는 중이다.
他们<u>正在</u>休息(呢)。　그들은 마침 쉬고 있는 중이다.
他们<u>正</u>休息(呢)。　그들은 쉬고 있다.
他们<u>在</u>休息(呢)。　그들은 마침 쉬고 있는 중이다.

꼭 짚고 넘어가요!

1 진행을 나타내는 '在'가 지속을 나타내는 '着'와 함께 사용될 수도 있다.
　㉠ 我在戴着帽子(呢)。 나는 모자를 쓰고 있다.
　　 天在下着雨(呢)。 비가 내리고 있다.

第10课

능원동사1

내 눈에 쏙 어법

我 想 你。　　你 要 什么?

我 想 看书。　我们 要 看书。

1-2 我想你。 vs 我想看书。

Q '보고 싶다'와 '~하고 싶다'는 표현은 모두 '想'으로 표현될까?

A '想'은 동사로 쓰이면 '보고 싶다'나 '~라 생각한다'라는 뜻이고, 능원동사로 사용되면 '~하고 싶다'라는 의미이다. 술어 앞에 사용될 때가 능원동사로 쓰인 것이다.

주어+동사 想+빈어

我想她。 나는 그녀가 보고 싶다.
想一想别人。 다른 사람을 좀 생각해라.

주어+능원동사 想+술어+빈어

我想看电影。 나는 영화가 보고 싶다.
我想喝咖啡。 나는 커피를 마시고 싶다.

콕 집고 넘어가요!

1 능원동사 '想'이 쓰인 문장의 부정형식은 일반적으로 '不想'이다.
   예 我不想去学校。 나는 학교에 가고 싶지 않다.

3-4 你要什么？ vs 我们要看书。

Q '원하다'와 의지를 나타내는 '~할 것이다'라는 표현은 모두 '要'로 표현될까?

A '要'가 동사로 쓰이면 '원하다'는 뜻이고, 능원동사로 사용되면 '~할 것이다'라는 의미이다. 앞에서 배운 '想'처럼 술어 앞에 사용될 때가 능원동사로 쓰인 것이다.

> 주어+동사 要+빈어

我要一杯橙汁。　　오렌지 주스 한 잔 주세요.
你要几个？　　　　당신은 몇 개를 원하나요?

> 주어+능원동사 要+술어+빈어

我要去中国。　　　나는 중국에 갈 거야.
我要努力学习。　　나는 열심히 공부할 거야.

꼭 집고 넘어가요!

1. 능원동사 '要'의 부정형식은 '不要'가 아니라 '不想'이다. '不要'는 '~하지 마'라는 다른 뜻을 갖고 있다.

   예) 我不想去中国。나는 중국에 가지 않을 거야.

第11课

능원동사 2

👁 내 눈에 쏙 어법

我 能 说汉语。

你 可以 说汉语。

我 会 说汉语。

1 我能说汉语。

Q '능력'은 중국어로 어떻게 표현할까?

A 동사 앞에 '능력'을 나타내는 능원동사 '能'이나 '会'를 사용하면 된다. 여기서는 '能'에 대해 알아보자.

> 주어+능원동사 能+술어+빈어

我能说汉语。　　나는 중국어를 말할 수 있다.
他能做中国菜。　그는 중국요리를 만들 수 있다.

콕 집고 넘어가요!

1. '能'은 능력을 나타내는데, 특별히 '(어떤 조건 하에서) ~할 수 있다'를 표현할 때 쓴다.
   예) 十点能到教室。 10시에 교실에 도착할 수 있다.
2. '능력'을 표현하는 '能'의 부정형식은 '不会'이다.
   예) 他不会做中国菜。 그는 중국요리를 만들 수 없다.

2 你可以说汉语。

Q '~해도 된다'라는 뜻의 '허가'는 어떻게 나타낼까?

A 동사 앞에 '허가'를 나타내는 능원동사 '可以'를 사용하면 된다.

> 주어+능원동사 可以+술어+빈어

你可以说汉语。 당신은 중국어로 말을 해도 좋다.
我可以问一个问题吗? 내가 하나만 물어봐도 될까요?

콕 집고 넘어가요!

1 '허가'를 나타내는 '可以'의 부정형식은 '不能'을 많이 쓴다.
  예) 这儿不能喝酒。여기서 술을 마실 수 없다.

3 我会说汉语。

Q '会'도 능력을 나타내는데 '能'과 어떤 차이가 있을까?

A '会'는 배워서 할 수 있는 경우에만 쓰고, '能'은 어떤 조건에서 해낼 수 있는 경우에도 쓰인다.

> 주어+능원동사 会+술어+빈어

我<u>会</u>说汉语。 나는 중국어를 할 줄 안다.
我<u>会</u>做中国菜。 나는 중국요리를 할 줄 안다.

콕 집고 넘어가요!

1 '능력'을 나타내는 '会'의 부정형식은 '不会'이다.
   예) 我不会做中国菜。 나는 중국요리를 할 줄 모른다.

4 护士会好好儿照顾你(的)。

Q '会'에 다른 기능도 있을까?

A '会'는 미래 사실의 추측을 나타내는 기능도 있다. 문장 끝에 강조를 나타내는 '的'를 쓰기도 한다.

> 주어+능원동사 **会**+술어+빈어

他**会**来(的)。 그는 올 것이다.
明天**会**下雨。 내일 비가 올 것 같다.

꼭 짚고 넘어가요!

1 '추측'을 나타내는 '会'의 부정형식도 '不会'이다.
   예) 明天不会下雨。 내일 비가 내리지 않을 것이다.

第12课

겸어문

내 눈에 쏙 어법

我们　　喜欢　老师不留作业。

我　　　　请　　你吃饭。

妈妈经常　让　　我看书。

爷爷　　　叫　　孙子们不要跑。

1 我们喜欢老师不留作业。

Q 동사 '喜欢' 뒤에는 명사만 올 수 있을까?

A '喜欢' 뒤에 하나의 사건을 나타내는 절이 빈어로 올 수도 있다. 즉, '무엇이 어떠함'을 좋아한다는 문장이 된다. 이때 '喜欢'의 빈어는 새로 시작되는 문장의 주어를 겸하고 있으므로 이런 문장을 '겸어문'이라고 한다.

주어+술어 喜欢+빈어/주어+술어

我喜欢她老实。　　　　나는 그녀가 성실한 것이 좋다.
老师喜欢这孩子懂事。　선생님은 이 아이가 성숙한 것이 좋다.

콕 집고 넘어가요!

1 '喜欢'처럼 겸어문을 구성하는 심리동사에는 '爱', '讨厌' 등이 있다.
　㈜ 我爱她聪明、漂亮。 나는 그녀가 똑똑하고 예쁜 것이 좋다.

2 我请你吃饭。

Q 동사 '喜欢'처럼 심리동사 외에 겸어문을 만드는 다른 동사들에는 어떤 것이 있을까?

A 요구를 나타내는 요구동사 '请', 일을 시키는 의미를 가진 사역동사 '让', '叫' 등이 대표적인 겸어문을 만드는 동사들이다. 우선 요구동사 '请'을 알아보자.

> 주어+술어 请+빈어/주어+술어

我请你吃饭。　내가 당신에게 밥을 살게요.
我请你喝咖啡。　내가 당신에게 커피를 살게요.

꼭 짚고 넘어가요!

1. '称', '选', '认为' 등 호칭이나 인지, 선택을 나타내는 동사들도 겸어문을 만들 수 있다.
   예) 我认为他是天才。 나는 그가 천재라고 생각해.
   你们选谁当代表? 너희는 누구를 대표로 뽑을 거야?

3-4 妈妈经常让我看书。

Q 겸어문을 만드는 사역동사에는 어떤 것들이 있을까?

A 겸어문을 만드는 사역동사는 '让', '叫' 등이 대표적이다.

주어＋술어 让＋빈어/주어＋술어

妈妈经常让我看书。 엄마는 자주 나에게 책을 보라고 한다.
她让我去中国留学。 그녀는 나에게 중국에 유학을 가라고 한다.

주어＋술어 叫＋빈어/주어＋술어

他叫我带来一本书。 그는 내게 책 한 권을 가지고 오게 했다.
老师叫你到教室来。 선생님이 너 교실로 오래.

콕 집고 넘어가요!

1 겸어문에서 부사의 위치는 첫 번째 술어 앞이다.
　예) 爸爸经常让我去图书馆。 아빠는 자주 나에게 도서관에 가라고 하신다.
　　　她不让我去图书馆。 그녀는 내가 도서관에 가지 못하게 한다.
2 사역동사가 쓰인 겸어문에서는 '了/着/过'는 첫 번째 술어 뒤에 쓸 수 없다.

동양북스 분야별 추천 교재

관광

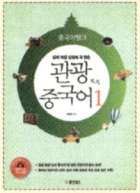  

- 중국어뱅크 관광 중국어 1
- 중국어뱅크 관광 중국어 2
- 중국어뱅크 의료관광 중국어

실무

- 중국어뱅크 판매 중국어
- 중국어뱅크 호텔 중국어
- 중국어뱅크 항공 서비스 중국어
- 중국어뱅크 비즈니스 실무 중국어 (초·중급)
- 중국어뱅크 비즈니스 실무 중국어 (중·고급)

어법

- 버전업! 삼위일체 중문법
- 똑똑한 중국어 문법책
- 중국어 문법·작문 업그레이드
- 北京大学 중국어 어법의 모든 것

한자·어휘

- 중국어뱅크 중국어 간체자
- 중국어뱅크 중국어 간체자 1000
- 가장 쉬운 독학 중국어 단어장
- 新 버전업 중국어 한자 암기박사

문화

- 중국어뱅크 버전업 사진으로 보고 배우는 중국문화
- 중국어뱅크 시사 따라잡는 독해 중국 읽기

동양북스 단계별 추천 교재 시리즈

	한어구어		스마트 중국어(회화)	베이직 중국어
입문과정	 중국어뱅크 북경대학 한어구어 1	 중국어뱅크 북경대학 12과로 끝내는 한어구어 上	 중국어뱅크 스마트 중국어 STEP 1	 중국어뱅크 베이직 중국어 1
초급과정	 중국어뱅크 북경대학 한어구어 2	 중국어뱅크 북경대학 12과로 끝내는 한어구어 下	 중국어뱅크 스마트 중국어 STEP 2	 중국어뱅크 베이직 중국어 2
초중급과정	 중국어뱅크 북경대학 한어구어 3	 중국어뱅크 북경대학 한어구어 4	 중국어뱅크 스마트 중국어 STEP 3	 중국어뱅크 베이직 중국어 3
중고급과정	 중국어뱅크 북경대학 한어구어 5	 중국어뱅크 북경대학한어구어 6	 중국어뱅크 스마트 중국어 STEP 4	

드림 중국어	실력업 중국어	교양 중국어		

중국어뱅크 DREAM 중국어 회화 1	중국어뱅크 실력UP 1 (스피드 중국어 STEP 1 개정판)	중국어뱅크 비주얼 중국어 회화 1	중국어뱅크 THE 중국어 1	중국어뱅크 NEW스타일 중국어 1

중국어뱅크 DREAM 중국어 회화 2	중국어뱅크 실력UP 2 (스피드 중국어 STEP 2 개정판)	중국어뱅크 비주얼 중국어 회화 2	중국어뱅크 THE 중국어 2	중국어뱅크 NEW 스타일 중국어 2

심화 과정

중국어뱅크 DREAM 중국어 회화 3	중국어뱅크 실력UP 3 (스피드 중국어 STEP 3 개정판)	중국어뱅크 스마트 중국어 독해 STEP 1	중국어뱅크 스마트 중국어 듣기 1	중국어뱅크 스마트 중국어 작문 1
			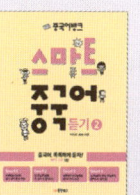	
중국어뱅크 DREAM 중국어 회화 4	중국어뱅크 스피드 중국어 회화 중급 독해편	중국어뱅크 스마트 중국어 독해 STEP 2	중국어뱅크 스마트 중국어 듣기 2	중국어뱅크 스마트 중국어 작문 2

동양북스 단계별 추천 수험서 시리즈

新HSK 모의고사

북경대 新HSK
실전 모의고사 6급 / 5급 / 4급 / 3급 / 2급

중국어뱅크 新HSK 이거 하나면 끝!
실전 모의고사 6급 / 5급 / 4급 / 3급

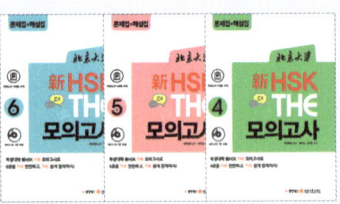

북경대학 新HSK
THE 모의고사 6급 / 5급 / 4급

중국어뱅크 新HSK
기출 적중문제집 6급 / 5급 / 4급

新HSK 종합서

버전업! 新HSK
한 권이면 끝 6급 / 5급 / 4급 / 3급

新HSK 어휘

新HSK VOCA 5000
6급 / 5급

버전업! 新HSK
VOCA 2500 6급 / 5급

新HSK 회화

新HSK 한권이면 끝
고급 회화

新HSK 한권이면 끝
중급 회화

新HSK 한권이면 끝
초급 회화

新HSK 영역별

新HSK 합격 쓰기
6급 / 5급

북경대 新HSK
듣기·독해 공략 6급

BCT / TSC

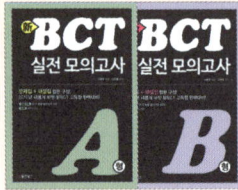

新BCT 실전 모의고사 A형 / B형

TSC 한 권이면 끝

TSC VOCA

중국어뱅크

내 손 안의 공식!

내공 중국어 ②

김현철·강미진·육영화·조매염 외 지음

워크북

동양북스

이 책의 특징 및 활용법

『내공 중국어』의 연습 교재인 「워크북」에서는 주 교재에서 학습한 내용을 읽기 – 듣기 – 말하기 – 쓰기 네 영역에 있어 고루 연습하여 실력을 향상시킬 수 있도록 하였습니다.

❶ 읽기

매 과에 출현하는 단어 및 문장을 활용한 읽기 연습을 통하여 독해의 기초 능력을 키울 수 있습니다.

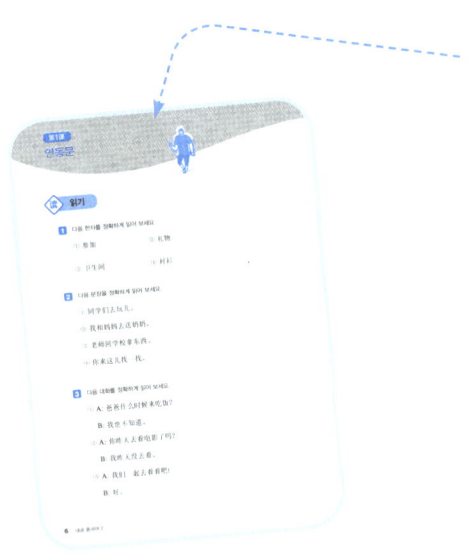

❷ 듣기

문장을 듣고 일치하는 설명 선택하기, 문장을 듣고 알맞은 그림과 연결하기, 대화를 듣고 일치하는 설명 선택하기 등의 문제로 구성되어 있습니다.
듣기 활동을 통해 발음 구분, 문장 쓰기 등의 능력을 향상시킬 수 있습니다.

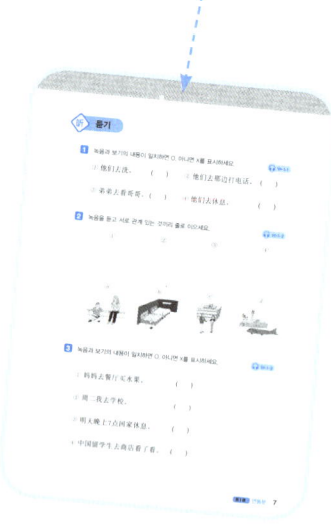

❸ 말하기

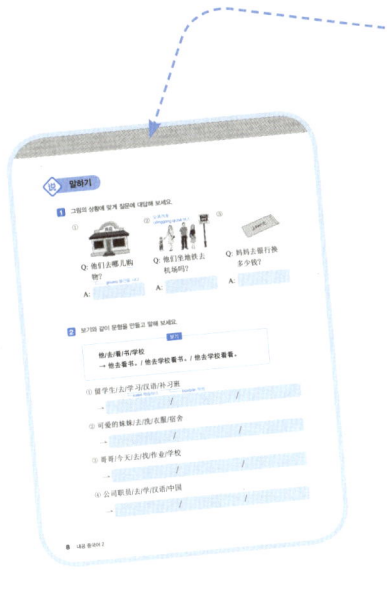

단어나 문장을 보고 읽는 것과는 다른 영역으로, 상황에 맞게 질문에 대답하기, 문장 형식을 바꾸어 말하기 등을 주로 연습합니다.

상황에 따른 표현 습득과 반복적인 문형 변환 연습을 통해 말하고 싶은 내용을 바로 표현할 수 있는 능력을 기를 수 있습니다.

❹ 쓰기

단순한 한자 쓰기가 아니라 한국어를 중국어로, 중국어를 한국어로 작문하는 연습을 합니다. 더불어 문장의 패턴 변화에 맞추어 문장을 바꾸어 쓰기도 연습합니다.

중국어 문장 쓰기 연습을 통하여 작문 및 번역의 기초 능력을 키울 수 있습니다.

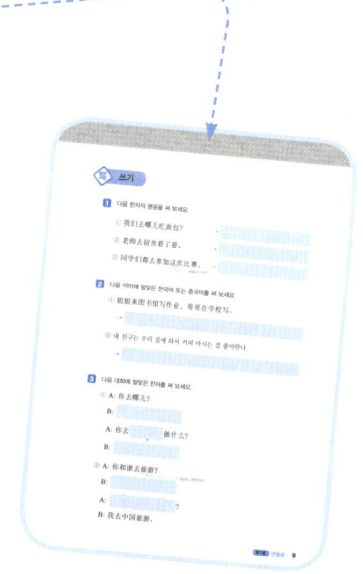

이 책의 차례

이 책의 특징 및 활용법 2

이 책의 차례 4

1 연동문
- 读 읽기 6
- 听 듣기 7
- 说 말하기 8
- 写 쓰기 9

2 过
- 读 읽기 10
- 听 듣기 11
- 说 말하기 12
- 写 쓰기 13

3 비교문
- 读 읽기 14
- 听 듣기 15
- 说 말하기 16
- 写 쓰기 17

4 보어
- 读 읽기 18
- 听 듣기 19
- 说 말하기 20
- 写 쓰기 21

5 부사
- 读 읽기 22
- 听 듣기 23
- 说 말하기 24
- 写 쓰기 25

6 개사1
- 读 읽기 26
- 听 듣기 27
- 说 말하기 28
- 写 쓰기 29

7 개사2
- 读 읽기 30
- 听 듣기 31
- 说 말하기 32
- 写 쓰기 33

8 방향보어
- 读 읽기 34
- 听 듣기 35
- 说 말하기 36
- 写 쓰기 37

9 着/在
- 读 읽기 38
- 听 듣기 39
- 说 말하기 40
- 写 쓰기 41

10 능원동사1
- 读 읽기 42
- 听 듣기 43
- 说 말하기 44
- 写 쓰기 45

11 능원동사2
- 读 읽기 46
- 听 듣기 47
- 说 말하기 48
- 写 쓰기 49

12 겸어문
- 读 읽기 50
- 听 듣기 51
- 说 말하기 52
- 写 쓰기 53

모범답안 54

내공 중국어 2
워크북

第1课

연동문

 읽기

1 다음 한자를 정확하게 읽어 보세요.

① 参加　　　② 礼物

③ 卫生间　　④ 衬衫

2 다음 문장을 정확하게 읽어 보세요.

① 同学们去玩儿。

② 我和妈妈去送奶奶。

③ 老师回学校拿东西。

④ 你来这儿找一找。

3 다음 대화를 정확하게 읽어 보세요.

① A: 爸爸什么时候来吃饭?

　B: 我也不知道。

② A: 你昨天去看电影了吗?

　B: 我昨天没去看。

③ A: 我们一起去看看吧!

　B: 好。

听 듣기

1 녹음과 보기의 내용이 일치하면 O, 아니면 X를 표시하세요. 🎧 W-1-1

① 他们去洗。　　（　）　　② 他们去那边打电话。（　）

③ 弟弟去看哥哥。（　）　　④ 他们去休息。　　　（　）

2 녹음을 듣고 서로 관계 있는 것끼리 줄로 이으세요. 🎧 W-1-2

①　　　②　　　③　　　④

ⓐ　　　ⓑ　　　ⓒ　　　ⓓ

3 녹음과 보기의 내용이 일치하면 O, 아니면 X를 표시하세요. 🎧 W-1-3

① 妈妈去餐厅买水果。　　　　（　）

② 周二我去学校。　　　　　　（　）

③ 明天晚上7点回家休息。　　　（　）

④ 中国留学生去商店看了看。　（　）

말하기

1 그림의 상황에 맞게 질문에 대답해 보세요.

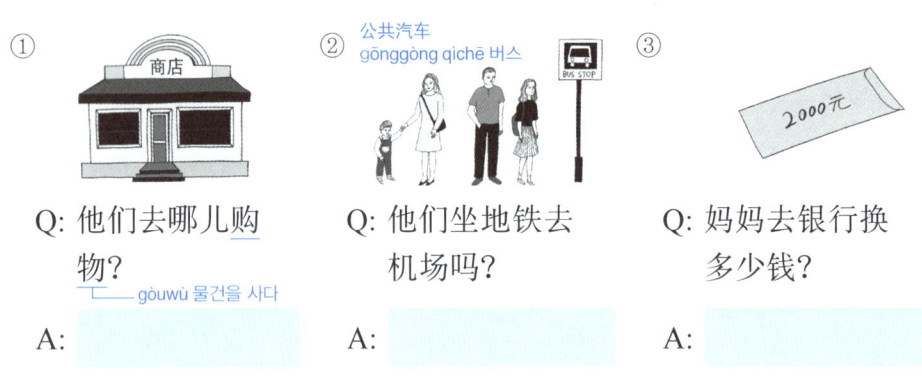

① Q: 他们去哪儿购物?
　　　gòuwù 물건을 사다
　A: _____

② Q: 他们坐地铁去机场吗?
　A: _____

③ Q: 妈妈去银行换多少钱?
　A: _____

2 보기와 같이 문형을 만들고 말해 보세요.

> 보기
> 他/去/看/书/学校
> → 他去看书。/ 他去学校看书。/ 他去学校看看。

① 留学生/去/学习/汉语/补习班
　　　　　　　xuéxí 학습하다　　　bǔxíbān 학원
→ _____ / _____

② 可爱的妹妹/去/洗/衣服/宿舍
→ _____ / _____

③ 哥哥/今天/去/找/作业/学校
→ _____ / _____

④ 公司职员/去/学/汉语/中国
→ _____ / _____

写 쓰기

1 다음 한자의 병음을 써 보세요.

① 我们去哪儿吃面包? →

② 老师去宿舍看了看。 →

③ 同学们都去参加这次比赛。 →
　　　　　　　　　　zhè cì 이번

2 다음 의미에 알맞은 한국어 또는 중국어를 써 보세요.

① 姐姐来图书馆写作业，哥哥在学校写。

→

② 내 친구는 우리 집에 와서 커피 마시는 걸 좋아한다.

→

3 다음 대화에 알맞은 질문과 대답을 한자로 써 보세요.

① A: 你去哪儿?

　B:

　A: 你去　　　做什么?

　B:

② A: 你和谁去旅游?
　　　　　　　lǚyóu 여행하다

　B:

　A:　　　　　　　　?

　B: 我们去中国旅游。

第2课

过

 읽기

1 다음 한자를 정확하게 읽어 보세요.

① 警察　　　② 打扫

③ 房间　　　④ 戴

2 다음 문장을 정확하게 읽어 보세요.

① 丢过钱包。

② 学生没打扫过宿舍。

③ 她妈妈去过三次中国。

④ 你做过没有?

3 다음 대화를 정확하게 읽어 보세요.

① A: 你吃过饭了吗?

　B: 我吃过了。

② A: 你弟弟参加过比赛没有?

　B: 有，他参加过篮球比赛。

③ A: 你学过高尔夫球吗?

　B: 学过，爸爸教过我。

听 듣기

1 녹음과 보기의 내용이 일치하면 O, 아니면 X를 표시하세요. 🎧 W-2-1

① 妈妈换过。　　　　　　( )

② 他们丢过钱包。　　　　( )

③ 我在图书馆看过两次电影。( )

④ 我的朋友没戴过帽子。　( )

2 녹음을 듣고 서로 관계 있는 것끼리 줄로 이으세요. 🎧 W-2-2

①　　　②　　　③　　　④

ⓐ　　　ⓑ　　　ⓒ　　　ⓓ

3 녹음과 보기의 내용이 일치하면 O, 아니면 X를 표시하세요. 🎧 W-2-3

① 星期一下过雪。　　　　　　( )

② 我妹妹去过三次图书馆。　　( )

③ 妈妈也在公园买过水果。　　( )

④ 奶奶没吃过弟弟买的面包。　( )

说 말하기

1 그림의 상황에 맞게 질문에 대답해 보세요.

① Q: 你参加过棒球比赛没有?

A:

② Q: 你喝过酒吗?
  — jiǔ 술

A:

③ Q: 你说过明天我们见面吗?
  — jiànmiàn 만나다

A:

2 보기와 같이 문형을 만들고 말해 보세요.

보기

他/看/次/地图/三
→ 他看过地图。/ 他看过三次地图。/ 他看过地图没有?

① 弟弟/打/次/电话/两

→ ＿＿＿＿＿＿ / ＿＿＿＿＿＿ / ＿＿＿＿＿＿

② 我妹妹/买/张/电影票/六

→ ＿＿＿＿＿＿ / ＿＿＿＿＿＿ / ＿＿＿＿＿＿

③ 同学们/买/商店/去/便宜/的/衣服

→ ＿＿＿＿＿＿ / ＿＿＿＿＿＿ / ＿＿＿＿＿＿

④ 爸爸/坐/飞机/好多次

→ ＿＿＿＿＿＿ / ＿＿＿＿＿＿ / ＿＿＿＿＿＿

쓰기

1 다음 한자의 병음을 써 보세요.

① 他们还没听过中国音乐。 →

② 他去过法国很多次。 →

③ 老师说过她喜欢谁吗? →

2 다음 의미에 알맞은 한국어 또는 중국어를 써 보세요.

① 同学们去美国玩儿过好多次。

→

② 작년에 나는 그 책을 읽어본 적이 있다.
　　qùnián 去年

→

3 다음 대화에 알맞은 대답을 한자로 써 보세요.

① A: 你穿过连衣裙吗?
　　　　　liányīqún 원피스

B: ＿＿＿＿＿＿＿ (没有)

A: 你穿过什么衣服?

B: ＿＿＿＿＿＿＿ (衬衫)

② A: 你以前在韩国买过手机吗?
　　　yǐqián 예전

B: ＿＿＿＿＿＿＿ (好多次)

A: 在韩国手机多少钱?

B: ＿＿＿＿＿＿＿

第3课

비교문

 읽기

1 다음 한자를 정확하게 읽어 보세요.

① 一点儿　　② 比

③ 稍微　　　④ 热

2 다음 문장을 정확하게 읽어 보세요.

① 左边比右边大。

② 他比我幸福多了。

③ 今天比昨天稍微热一点儿。

④ 这儿的餐厅没有那儿的餐厅好吃。

3 다음 대화를 정확하게 읽어 보세요.

① A: 今天的作业多不多?

　B: 今天的作业比昨天多。

② A: 你们学校的操场真大！

　B: 我们学校的操场没有你们学校大。

③ A: 你比弟弟高吗?

　B: 我不比他高。

听 듣기

1 녹음과 보기의 내용이 일치하면 O, 아니면 X를 표시하세요.   🎧 W-3-1

① 旅游没有购物累。　　　（　）

② 超市的东西不比百货商店贵。（　）

③ 我哥哥知道的比他少。　　（　）

④ 弟弟也比我帅得多。　　　（　）

2 녹음을 듣고 서로 관계 있는 것끼리 줄로 이으세요.   🎧 W-3-2

①　　　　②　　　　③　　　　④

ⓐ　　　　ⓑ 哈哈　　ⓒ　　　　ⓓ

3 녹음과 보기의 내용이 일치하면 O, 아니면 X를 표시하세요.   🎧 W-3-3

① 中国人没有美国人多。　　（　）

② 姐姐的自行车没有我的贵。（　）

③ 弟弟的桌子比我多。　　　（　）

④ 我家旁边卖的茶比我家贵。（　）

说 말하기

1 그림의 상황에 맞게 질문에 대답해 보세요.

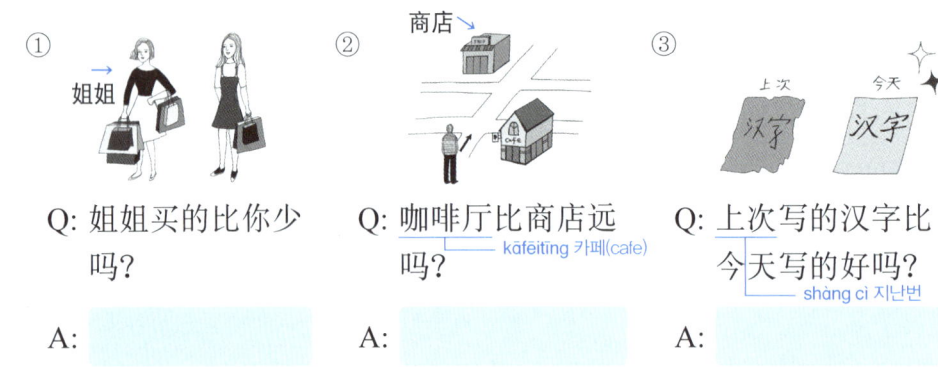

① Q: 姐姐买的比你少吗?
A:

② Q: 咖啡厅比商店远吗?
kāfēitīng 카페(cafe)
A:

③ Q: 上次写的汉字比今天写的好吗?
shàng cì 지난번
A:

2 보기와 같이 문형을 만들고 말해 보세요.

> **보기**
> 我/你/漂亮
> → 我比你更漂亮。/ 我比你漂亮多了。/ 我没有你漂亮。

① 房间/卫生间/大

→ _____ / _____ / _____

② 电脑/水果/贵

→ _____ / _____ / _____

③ 足球/篮球/好玩儿

→ _____ / _____ / _____

④ 工作/学习/累
gōngzuò 직업, 일, 일하다

→ _____ / _____ / _____

写 쓰기

1 다음 한자의 병음을 써 보세요.

① 肚子比胃更疼。　→ _____

② 刮风比下雨好一些。　→ _____

③ 我们班同学比老师都高。　→ _____

2 다음 의미에 알맞은 한국어 또는 중국어를 써 보세요.

① 说汉语比写汉字稍微容易一点儿。
　　　　　　　　　　　　róngyì 쉽다

→ _____

② 내 동생은 작년이 올해보다 더 바빴다.

→ _____

3 다음 대화에 알맞은 대답을 한자로 써 보세요.

① A: 我们几个人住酒店?
　　　　　　　　jiǔdiàn 호텔

　B: _____ (四个人一起)

　A: 一起住比一个人住更便宜吗?

　B: 是, _____

② A: 你去过中国和韩国吗?

　B: _____

　A: 中国天气怎么样?

　B: 中国比韩国 _____ (稍微)

第4课

보어

 읽기

1 다음 한자를 정확하게 읽어 보세요.

① 完 ② 清楚

③ 流利 ④ 干净

2 다음 문장을 정확하게 읽어 보세요.

① 我听懂了。

② 我的妹妹站得起来。

③ 你昨天晚上睡得好吗?

④ 爸爸比弟弟跑得快。

3 다음 대화를 정확하게 읽어 보세요.

① A: 你找到了没有?

B: 我找到了，书在桌子上边。

② A: 你吃饱了吗?

B: 我吃得太饱了。

③ A: 他是你哥哥吗?

B: 你看错了，他是我弟弟。

听 듣기

1 녹음과 보기의 내용이 일치하면 O, 아니면 X를 표시하세요.　　　W-4-1

①　我看得很清楚。　　　（　　）

②　爸爸明天八点回不来。　（　　）

③　她睡了午觉。　　　　　（　　）

④　他比我跑得快。　　　　（　　）

2 녹음을 듣고 서로 관계 있는 것끼리 줄로 이으세요.　　　W-4-2

①　　　　②　　　　③　　　　④

ⓐ　　　　ⓑ　　　　ⓒ　　　　ⓓ

3 녹음과 보기의 내용이 일치하면 O, 아니면 X를 표시하세요.　　　W-4-3

①　妈妈坐车去中国。　　　（　　）

②　两个人都爬得上去。　　（　　）

③　他回答得非常快。　　　（　　）

④　他吃得不多。　　　　　（　　）

说 말하기

1 그림의 상황에 맞게 질문에 대답해 보세요.

① Q: 你吃得下吗?

A: _____

② Q: 你明天晚上六点回得来吗?

A: _____

③ Q: 你们昨天玩儿得痛快吗?
　　　　　　　tòngkuài 즐겁다

A: _____

2 보기와 같이 문형을 만들고 말해 보세요.

보기

我/看/见/多/书
→ 我看得见。/ 我看得多。/ 我看书看得多。

① 上午/做/完/快/饭
　　shàngwǔ 오전

→ _____ / _____ / _____

② 我们/吃/到/饱/汉堡包
　　　　　　　　　hànbǎobāo 햄버거

→ _____ / _____ / _____

③ 他/看/懂/开心/电影

→ _____ / _____ / _____

④ 我妹妹/听/见/认真/课
　　　　　　　rènzhēn 진지하다

→ _____ / _____ / _____

写 쓰기

1 다음 한자의 병음을 써 보세요.

① 我们都做好了。 →

② 妹妹洗衣服洗得干净。 →

③ 你有没有看清楚这上面写的字? →

2 다음 의미에 알맞은 한국어 또는 중국어를 써 보세요.

① 他最近做工作做得非常忙。
　　　zuìjìn 최근

→

② 저 한자 너희 잘못 썼어.

→

3 다음 대화에 알맞은 대답을 한자로 써 보세요.

① A: 你们做完作业了吗?

　 B: _____ (没)

　 A: 你做得完吗?

　 B: 是, _____ (完)

② A: 你们吃完饭了吗?

　 B: 是, _____ (饱)

　 A: 吃饭吃得怎么样?

　 B: _____ (很好)

第5课

부사

 읽기

1 다음 한자를 정확하게 읽어 보세요.

① 逛街   ② 再

③ 演唱会   ④ 刚刚

2 다음 문장을 정확하게 읽어 보세요.

① 我没玩游戏。

② 老师已经说过了。

③ 姐姐也睡午觉。

④ 他七点才开始写作业。

3 다음 대화를 정확하게 읽어 보세요.

① A: 昨天打扫房间了吗?

　　B: 我今天也打扫过了。

② A: 你哥哥不工作吗?

　　B: 他不是不工作，没有工作。

③ A: 你别在美国学汉语。

　　B: 我不在美国学汉语，我去中国学。

听 듣기

1 녹음과 보기의 내용이 일치하면 O, 아니면 X를 표시하세요.   🎧 W-5-1

① 警察已经回来了。　（　　）

② 老师只说了一遍。　（　　）

③ 我们两点结束。　（　　）

④ 我没做作业。　（　　）

2 녹음을 듣고 서로 관계 있는 것끼리 줄로 이으세요.   🎧 W-5-2

① ② ③ ④

ⓐ ⓑ ⓒ ⓓ

3 녹음과 보기의 내용이 일치하면 O, 아니면 X를 표시하세요.   🎧 W-5-3

① 他晚上又去跑短跑了。　（　　）

② 姐姐还没回酒店。　（　　）

③ 我姐姐28岁才毕业。　（　　）

④ 我和姐姐都吃得非常开心。　（　　）

说 말하기

1 그림의 상황에 맞게 질문에 대답해 보세요.

① Q: 她也参加过篮球比赛吗?
A:

② Q: 演唱会结束了吗?
jiéshù 끝나다
A:

③ Q: 你发表完了吗?
fābiǎo 발표하다
A:

2 보기와 같이 문형을 만들고 말해 보세요.

보기

他/看/书/不/马上/也/才
→ 他不看书。/ 他马上看书。/ 他也看书吗？/ 他怎么现在才看书？

① 姐姐/下班/没/刚刚/也/就
xiàbān 퇴근하다
→ _____ / _____ / _____

② 哥哥/去/上课/不/马上/再/就
shàngkè 수업을 듣다
→ _____ / _____ / _____

③ 我们/去/公园/没/刚刚/又/才
→ _____ / _____ / _____

④ 你/去/宿舍/休息/别/马上/又/才
→ _____ / _____ / _____

쓰기

1 다음 한자의 병음을 써 보세요.

① 别在操场踢足球。 →

② 昨天买的衬衫已经洗完了。 →

③ 你怎么两点就来了? →

2 다음 의미에 알맞은 한국어 또는 중국어를 써 보세요.

① 哥哥刚刚吃完饭就去上课了。

→

② 학생들은 저녁 9시가 되어서야 집으로 돌아갔다.

→

3 다음 대화에 알맞은 대답을 한자로 써 보세요.

① A: 对不起，我来晚了。你们已经点菜了吧?

　 B: _____(刚刚)

　 A: 你朋友也来吗?

　 B: _____(马上)

② A: 你去过你家旁边的医院吗?

　 B: _____(没)

　 A: 你弟弟告诉我你去过了。

　　　　　　　　　gàosu 말하다, 알리다

　 B: 不，他_____(也)

第6课
개사1

 읽기

1 다음 한자를 정확하게 읽어 보세요.

　① 每天　　　　② 需要

　③ 感兴趣　　　④ 着急

2 다음 문장을 정확하게 읽어 보세요.

　① 医生从明天开始上班。

　② 中国离韩国很近。

　③ 老师对昨天的发表很感兴趣。

　④ 为了学习汉语，姐姐去中国了。

3 다음 대화를 정확하게 읽어 보세요.

　① A: 你为了谁参加比赛?

　　B: 我为了妈妈参加比赛。

　② A: 学校离图书馆远不远?

　　B: 我不知道，没去过。

　③ A: 从你家到地铁站需要几分钟?

　　B: 我家离地铁站很近，只需要5分钟。

听 듣기

1 녹음과 보기의 내용이 일치하면 O, 아니면 X를 표시하세요. 🎧 W-6-1

① 我们两点在上课。　　　　　（　）
　　　　　zài ~하고 있는 중이다

② 银行离酒店很近。　　　　　（　）

③ 他对韩国历史很感兴趣。　　（　）

④ 我每天早上做运动。　　　　（　）

2 녹음을 듣고 서로 관계 있는 것끼리 줄로 이으세요. 🎧 W-6-2

①　　　　②　　　　③　　　　④

ⓐ　　　　ⓑ　　　　ⓒ　　　　ⓓ

3 녹음과 보기의 내용이 일치하면 O, 아니면 X를 표시하세요. 🎧 W-6-3

① 从我家到医院最近。　　　　　　　　（　）

② 今天有汉字考试。　　　　　　　　　（　）

③ 老师肚子有点儿疼。　　　　　　　　（　）

④ 为了健康，妈妈现在才说少喝可乐。（　）

说 말하기

1 그림의 상황에 맞게 질문에 대답해 보세요.

① 我
Q: 从谁开始用这辆车? — yòng 사용하다
A:

②
Q: 他对你好吗?
A:

③ 找工作
Q: 他为了什么学习?
A:

2 보기와 같이 문형을 만들고 말해 보세요.

보기
演唱会/感兴趣/看
→ 演唱会从1点开始。/ 离演唱会还有一个小时。/
  我对演唱会很感兴趣。/ 我去美国，是为了看演唱会。

① 足球比赛/感兴趣/参加
→ _____ / _____ / _____

② 考试/有信心/准备
  — yǒu xìnxīn 자신이 있다
→ _____ / _____ / _____

③ 生日派对/感兴趣/开
  — kāi 열다, 개최하다
  — pàiduì 파티(party)
→ _____ / _____ / _____

④ 会议/负责/参加
→ _____ / _____ / _____

写 쓰기

1 다음 한자의 병음을 써 보세요.

① 离星期一只有三天。 → _____

② 这件事对我非常重要。 → _____

③ 我们为了健康，每天在公园做运动。 → _____

2 다음 의미에 알맞은 한국어 또는 중국어를 써 보세요.

① 离他远一点儿。

→ _____

② 내일 아침부터, 우리는 지하철역에서 만나자!

→ _____

3 다음 대화에 알맞은 대답을 한자로 써 보세요.

① A: 从电影院到银行需要15分钟吗?

B: _____ (坐车/10分钟)

A: 那么，走路需要多少分钟?
   nàme 그렇다면

B: _____ (15分钟)

② A: 你家离这儿很近吗?

B: _____ (离/远)

A: 那你为什么回家吃饭?
        wèishénme 왜, 어째서

B: _____ (对…来说, 最干净)

第7课

개사2

读 읽기

1 다음 한자를 정확하게 읽어 보세요.

① 一样　　　② 邮件

③ 资料　　　④ 想法

2 다음 문장을 정확하게 읽어 보세요.

① 这个问题我跟老师说吧！

② 这个礼物是朋友给我买的。

③ 你把房间打扫干净。

④ 我的手机已经被他弄坏了。

3 다음 대화를 정확하게 읽어 보세요.

① A: 这个项目是他给我们介绍的吗?

　B: 我也不知道。

② A: 最近中国天气怎么样?

　B: 跟韩国比，中国天气更冷一些。

③ A: 你有什么想法?

　B: 我已经把我的想法告诉老师了。

听 듣기

1 녹음과 보기의 내용이 일치하면 O, 아니면 X를 표시하세요.   🎧 W-7-1

① 跟今天比星期三人更多。   (   )

② 哥哥给我找了钱包。   (   )

③ 明天你把这个资料做完。   (   )

④ 他们被哥哥打了。   (   )

2 녹음을 듣고 서로 관계 있는 것끼리 줄로 이으세요.   🎧 W-7-2

①   ②   ③   ④

ⓐ   ⓑ   ⓒ   ⓓ

3 녹음과 보기의 내용이 일치하면 O, 아니면 X를 표시하세요.   🎧 W-7-3

① 朋友把我的自行车弄坏了。   (   )

② 妈妈没跟我说，早点儿回家。   (   )

③ 中国没给我留下深刻的印象。   (   )

④ 妈妈弄丢了浅蓝色的词典。   (   )

说 말하기

1 그림의 상황에 맞게 질문에 대답해 보세요.

① Q: 你跟他说得一样吗?
   A:

② Q: 他什么时候给我打电话?
   A:

③ 手机
   Q: 你的电脑被你弟弟弄坏了吗?
   A:

2 보기와 같이 문형을 만들고 말해 보세요.

> **보기**
>
> 弟弟/带/我的书/弄坏
> → 弟弟跟我说，他带了我的书。/ 我的书是弟弟给我带的。/
>   弟弟把我的书弄坏了。/ 我的书被弟弟弄坏了。

① 他/买/妈妈的咖啡/喝完

   → ＿＿＿＿ / ＿＿＿＿ / ＿＿＿＿

② 爸爸/点/我们的蛋糕/扔
   rēng 던지다
   dàngāo 케이크

   → ＿＿＿＿ / ＿＿＿＿ / ＿＿＿＿

③ 师傅/修/她的车/弄好
   shīfu 숙련공, 기사, 선생
   xiū 수리하다

   → ＿＿＿＿ / ＿＿＿＿ / ＿＿＿＿

④ 医生/介绍/他们的项目/说清楚

   → ＿＿＿＿ / ＿＿＿＿ / ＿＿＿＿

쓰기

1 다음 한자의 병음을 써 보세요.

① 你跟他说一说昨天的事儿。 →

② 这张电影票是我男朋友给我买的。 →

③ 同学们把那件事都告诉我们警察了。 →

2 다음 의미에 알맞은 한국어 또는 중국어를 써 보세요.

① 我觉得你跟老师学习更好一些。
  juéde ~라고 생각하다
  →

② 엄마가 내게 주신 돈은 형이 다 썼다.
  →

3 다음 대화에 알맞은 대답을 한자로 써 보세요.

① A: 你告诉他明天什么时候发表了吗?
   B: 没有, _____ (跟，说)
   A: 快告诉他明天发表的时间。
                    shíjiān 시간
   B: _____ (给，电话)

② A: 衣服都洗完了吗?
   B: 妈妈 _____ (把)
   A: 洗得干不干净?
   B: _____ (被)

第8课

방향보어

读 읽기

1 다음 한자를 정확하게 읽어 보세요.

① 办公室　　　② 女孩

③ 首尔　　　　④ 迟到

2 다음 문장을 정확하게 읽어 보세요.

① 你快坐下。

② 我们把车开过去吧！

③ 姥姥回她家去了。

④ 妹妹跑进屋去了。

3 다음 대화를 정확하게 읽어 보세요.

① A: 你去换这个裤子吧！

　B: 我没有时间，你拿去换吧！

② A: 我的桌子放哪儿了？

　B: 我把你的桌子搬出来了。

③ A: 你的女朋友呢？

　B: 从对面走过来的女孩就是我的女朋友。

듣기

1 녹음과 보기의 내용이 일치하면 O, 아니면 X를 표시하세요. 🎧 W-8-1

① 他进屋去了。　　　(   )

② 东西还没找到。　　(   )

③ 她刚刚从首尔回来。(   )

④ 老师在办公室。　　(   )

2 녹음을 듣고 서로 관계 있는 것끼리 줄로 이으세요. 🎧 W-8-2

①　　　　②　　　　③　　　　④

ⓐ　　　　ⓑ　　　　ⓒ　　　　ⓓ

3 녹음과 보기의 내용이 일치하면 O, 아니면 X를 표시하세요. 🎧 W-8-3

① 他们都很忙。　　　　　　　　(   )

② 汉语书一直在家。　　　　　　(   )

③ 我们需要把爸爸送回公司。　　(   )

④ 妈妈送我去汉语补习班上课。　(   )

说 말하기

1 그림의 상황에 맞게 질문에 대답해 보세요.

① Q: 手机被谁拿去了?
A:

② Q: 现在再把车开回公司吗?
A:

③ Q: 前边的哪家餐厅被搬出来了?
A:

2 보기와 같이 문형을 만들고 말해 보세요.

> 보기
> 书/带/来/回/学校
> → 你把书带来。/ 你把书带回来。/ 你把书带学校来。
>   / 你把书带回学校来。

① 礼物/拿/去/回/学校

→ _____ / _____ / _____

② 护照/拿/来/上/办公室
   └─ hùzhào 여권

→ _____ / _____ / _____

③ 沙发/搬/去/进/房间
   └─ shāfā 소파(sofa)

→ _____ / _____ / _____

④ 他/送/去/回/韩国

→ _____ / _____ / _____

写 쓰기

1 다음 한자의 병음을 써 보세요.

① 现在买回去还有用吗? →

② 哥哥把被朋友拿走的手机找回来了。→

③ 考试结束以后，大家都去办公室找 →
老师去了。

2 다음 의미에 알맞은 한국어 또는 중국어를 써 보세요.

① 我还没说完，他就进厨房去了。
　　　　　　　　　　chúfáng 주방

→

② 네가 우산을 가지고 와줘, 알았지?

→

3 다음 대화에 알맞은 대답을 한자로 써 보세요.

① A: 他现在非常不高兴，对吗?

B: 对，　　　　　　　(跑, 回去)

A: 他去哪儿了?

B: 　　　　　　　(回去, 宿舍)

② A: 她为什么哭?
　　　　　kū 울다

B: 她妈妈　　　　　　　(衣服, 把, 扔)

A: 上次在美国买的那些衣服吗?
　　　　　　nàxiē 그것들

B: 对，她妈妈不喜欢从美国　　　　　　　(过来)

第9课
着/在

 읽기

1 다음 한자를 정확하게 읽어 보세요.

① 打扰　　　② 日程

③ 冰淇淋　　④ 研究

2 다음 문장을 정확하게 읽어 보세요.

① 他走着走着就到了。

② 喝着啤酒看足球。

③ 弟弟在研究重要的项目。

④ 妈妈在家里睡觉呢。

3 다음 대화를 정확하게 읽어 보세요.

① A: 你喜欢穿什么颜色的衣服去发表?

　 B: 我喜欢穿着紫色的衣服去发表。

② A: 他们开始洗澡了吗?

　 B: 他们正在洗澡呢。

③ A: 你每天拿着手机吃饭，不好吧！

　 B: 我知道拿着手机吃饭不好。

听 듣기

1 녹음과 보기의 내용이 일치하면 O, 아니면 X를 표시하세요. 🎧 W-9-1

① 他穿着裤子。　　　　　(　)

② 他吃着汉堡包听音乐。　(　)

③ 我在介绍去美国的朋友。(　)

④ 我们在操场休息。　　　(　)

2 녹음을 듣고 서로 관계 있는 것끼리 줄로 이으세요. 🎧 W-9-2

①　　　②　　　③　　　④

ⓐ　　　ⓑ　　　ⓒ　　　ⓓ

3 녹음과 보기의 내용이 일치하면 O, 아니면 X를 표시하세요. 🎧 W-9-3

① 我不认识她的男朋友。　(　)

② 弟弟在桌子前在做计划。(　)

③ 弟弟不写作业。　　　　(　)

④ 他对电影很感兴趣。　　(　)

说 말하기

1 그림의 상황에 맞게 질문에 대답해 보세요.

① Q: 她们在发表重要的内容吗?
   nèiróng 내용
   A:

② Q: 他们正在准备什么?
   A:

③ Q: 穿什么颜色连衣裙的人是你妹妹?
   A:

2 보기와 같이 문형을 만들고 말해 보세요.

> **보기**
> 看/书/做/运动
> → 他看着书。/ 他看着书做运动。/ 他在看书。/ 他正在看书呢。

① 打/电话/上/电梯
   diàntī 엘리베이터
   → _____ / _____ / _____ /

② 踢/足球/看/手机
   → _____ / _____ / _____ /

③ 打扫/房间/唱/歌儿
   → _____ / _____ / _____ /

④ 看/前边/洗/手
   shǒu 손
   → _____ / _____ / _____ /

写 쓰기

1 다음 한자의 병음을 써 보세요.

① 美国在送很多学生到中国留学。 →

② 今天刮大风，很多餐厅在关门。 →

③ 戴着帽子和在戴帽子不一样。 →

2 다음 의미에 알맞은 한국어 또는 중국어를 써 보세요.

① 她在整理昨天学的内容。
   zhěnglǐ 정리하다

→

② 우리는 너희가 말한 일정을 계획하고 있어.

→

3 다음 대화에 알맞은 대답을 한자로 써 보세요.

① A: 他们已经看完了吗?

   B: 不, _____ (还没)

   A: 你们呢?

   B: _____ (正在)

② A: 你为什么每天听着音乐睡觉?

   B: 这样 _____ (才, 得, 好)

   A: 你弟弟也这样吗?
            zhèyàng 이렇다, 이와 같다

   B: 不, _____

第10课

능원동사1

 읽기

1. 다음 한자를 정확하게 읽어 보세요.

　① 安排　　　　② 收拾

　③ 尊重　　　　④ 努力

2. 다음 문장을 정확하게 읽어 보세요.

　① 学校里的同学都想回家。

　② 我想把车开过来。

　③ 你要红色的苹果，是吗？

　④ 大家要做明年的计划。

3. 다음 대화를 정확하게 읽어 보세요.

　① A: 你明天回国吗？

　　 B: 对，我想家了。

　② A: 您要买什么？

　　 B: 我想买一杯咖啡。

　③ A: 你想出去看看吗？

　　 B: 我不想出去，你一个人去吧。

听 듣기

1 녹음과 보기의 내용이 일치하면 O, 아니면 X를 표시하세요.　　W-10-1

① 妹妹不喜欢考试。　　（　）

② 我想收拾行李。　　（　）

③ 我比她漂亮。　　（　）

④ 同学们带着手机去学校。　　（　）

2 녹음을 듣고 서로 관계 있는 것끼리 줄로 이으세요.　　W-10-2

①　　②　　③　　④

ⓐ　　ⓑ　　ⓒ　　ⓓ

3 녹음과 보기의 내용이 일치하면 O, 아니면 X를 표시하세요.　　W-10-3

① 我想和同学一起去吃韩国菜。　　（　）

② 老师想去韩国。　　（　）

③ 老师想带手机。　　（　）

④ 我要和男朋友去百货商店。　　（　）

说 말하기

1 그림의 상황에 맞게 질문에 대답해 보세요.

① 果汁
Q: 你想喝咖啡吗?
A: _____

②
Q: 您要点什么?
       diǎn 주문하다
A: _____

③
Q: 你要什么颜色的衣服?
A: _____

2 보기와 같이 문형을 만들고 말해 보세요.

보기

我/妈妈/看/书/本
→ 我想妈妈。/ 妈妈想看书。/ 妈妈要一本书。/ 妈妈要看书。

① 老师/同学们/吃/汉堡/个
→ _____ / _____ / _____ / _____

② 我和姐姐/弟弟/喝/咖啡/杯
→ _____ / _____ / _____ / _____

③ 我们/爸爸/买/车/辆
→ _____ / _____ / _____ / _____

④ 哥哥/他的女朋友/订/机票/张
   ding 예약하다   jīpiào 비행기 표
→ _____ / _____ / _____ / _____

写 쓰기

1 다음 한자의 병음을 써 보세요.

① 我想吃，就要吃。 → _____

② 你习惯迟到，你要早点儿起床。 → _____

③ 我想在你生日的时候做蛋糕给你吃。 → _____

2 다음 의미에 알맞은 한국어 또는 중국어를 써 보세요.

① 你要想清楚。

→ _____

② 넌 우리와 달라, 너는 춤추면서 노래를 불러야 해.

→ _____

3 다음 대화에 알맞은 대답을 한자로 써 보세요.

① A: 你们要骑摩托车去吗?
                       mótuōchē 오토바이

   B: _____ (想)

   A: 需要多长时间?

   B: _____ (两个小时)

② A: 他要跟他的女朋友结婚吗?

   B: 是, _____ (想, 今年)
                                 jīnnián 올해

   A: 他的女朋友也这样想吗?

   B: 不, _____ (明年)

第11课
능원동사2

读 읽기

1 다음 한자를 정확하게 읽어 보세요.

① 照顾　　　　② 抽烟

③ 护士　　　　④ 支持

2 다음 문장을 정확하게 읽어 보세요.

① 我星期三能送你去公司。

② 你可不可以给我准备一些资料?

③ 我不会跟爸爸要他的车。

④ 妹妹会考上很好的大学(的)。

3 다음 대화를 정확하게 읽어 보세요.

① A: 护士会给医生说这件事吗?

　B: 我想她不会跟医生说这件事。

② A: 全世界的人都会关注我们。

　B: 什么? 不会吧!

③ A: 你觉得他能从美国回来吗?

　B: 不知道，他女朋友会告诉我们的。

听 듣기

1 녹음과 보기의 내용이 일치하면 O, 아니면 X를 표시하세요.　　W-11-1

① 他在坐着。　　　　　　（　）

② 我可以喝一杯茶。　　　（　）

③ 我想抽烟。　　　　　　（　）

④ 今年可以计划八个项目。（　）

2 녹음을 듣고 서로 관계 있는 것끼리 줄로 이으세요.　　W-11-2

①　　　　②　　　　③　　　　④

ⓐ　　　　ⓑ　　　　ⓒ　　　　ⓓ

3 녹음과 보기의 내용이 일치하면 O, 아니면 X를 표시하세요.　　W-11-3

① 他不会教汉语。　　　　　（　）

② 姐姐想自己一个人去。　　（　）

③ 妈妈想知道我在哪儿。　　（　）

④ 我说汉语说得非常流利。　（　）

说 말하기

1 그림의 상황에 맞게 질문에 대답해 보세요.

① Q: 晚上你能不能接我回去?
                jiē 마중하다
   A:

② Q: 他们毕业以后，会不会来看我们?
   A:

③ Q: 请问，您可以讲中文吗?
                    Zhōngwén 중국어
   A:

2 보기와 같이 문형을 만들고 말해 보세요.

> **보기**
> 我/去/学校
> → 我能去学校。/ 我可以去学校。/ 我会去学校。/ 我会去学校的。

① 别人/照顾/孩子
      biérén 다른 사람
→   /   /   /

② 妈妈/出去/买
→   /   /   /

③ 我们/收拾/一点儿
→   /   /   /

④ 他/跳着舞/唱歌
→   /   /   /

쓰기

1 다음 한자의 병음을 써 보세요.

① 你明天可以给我我要的东西吗? →

② 我们能不能看看你的作业? →

③ 不可以再这样做。 →

2 다음 의미에 알맞은 한국어 또는 중국어를 써 보세요.

① 我能不能把你的电脑卖给网吧?

→

② 그들은 내일 오빠(형)랑 같이 병원에 가줄 거야.

→

3 다음 대화에 알맞은 대답을 한자로 써 보세요.

① A: 你能用汉语聊天吗?
   　　　　　　liáotiān 이야기하다

B: _____ (不)

A: 那你能在很多人前面用汉语发表吗?

B: _____ (想)

② A: 你能不能不告诉老师?

B: 不行, _____ (要)
   bù xíng 안 된다

A: 为什么?

B: _____ (老师, 会, 问)

第12课

겸어문

 읽기

1 다음 한자를 정확하게 읽어 보세요.

① 律师　　　② 演讲

③ 前台　　　④ 煮

2 다음 문장을 정확하게 읽어 보세요.

① 我喜欢妈妈整理我的房间。

② 我请我哥哥上台发表。

③ 父母让孩子在学校努力学习。

④ 他叫我写报告。

3 다음 대화를 정확하게 읽어 보세요.

① A: 今天谁请我们吃饭?

　B: 今天没有人请我们吃饭。

② A: 我们要跟他一起去演唱会吗?

　B: 是，我妈妈叫他来了。

③ A: 你能不能帮我煮方便面?

　B: 不行，医生不让你吃太多的方便面。

听 듣기

1 녹음과 보기의 내용이 일치하면 O, 아니면 X를 표시하세요.　🎧 W-12-1

① 我是律师。　　　　　　（　）

② 我弟弟让我学习汉语。　（　）

③ 他已经看过好多次。　　（　）

④ 妈妈每天叫我减肥。　　（　）

2 녹음을 듣고 서로 관계 있는 것끼리 줄로 이으세요.　🎧 W-12-2

①　　②　　③　　④

ⓐ　　ⓑ　　ⓒ　　ⓓ

3 녹음과 보기의 내용이 일치하면 O, 아니면 X를 표시하세요.　🎧 W-12-3

① 我不想去上课，要接弟弟。　　（　）

② 老师知道我们的计划。　　　　（　）

③ 我们请哥哥吃饭了。　　　　　（　）

④ 我喜欢跟姐姐去操场做运动。（　）

说 말하기

1 그림의 상황에 맞게 질문에 대답해 보세요.

① Q: 你为什么不喜欢弟弟拿你的东西？
A:

② Q: 我叫你安排的日程，好了吗？
A:

③ Q: 听说，老师没让你去参加比赛？
　　　tīngshuō 듣자니 ~라 한다
A:

2 보기와 같이 문형을 만들고 말해 보세요.

> **보기**
> 我/他/去
> → 我喜欢他去。/ 我请他去。/ 我让他去。/ 我叫他去。

① 我/大家/去/图书馆/借/书
　　　　　　　　　jiè 빌리다
→ ＿＿＿＿＿ / ＿＿＿＿＿ / ＿＿＿＿＿

② 老板/我/来/北京/工作
　　lǎobǎn 사장
→ ＿＿＿＿＿ / ＿＿＿＿＿ / ＿＿＿＿＿

③ 他/不/我/吃/晚饭
→ ＿＿＿＿＿ / ＿＿＿＿＿ / ＿＿＿＿＿

④ 妻子/我/每天/给她/打/电话
　　qīzi 아내
→ ＿＿＿＿＿ / ＿＿＿＿＿ / ＿＿＿＿＿

쓰기

1 다음 한자의 병음을 써 보세요.

① 他说他想晚上请我们吃饭。 →

② 我让他去找合适的对象。 →

③ 老师叫他们整理明天要演讲的内容。 →

2 다음 의미에 알맞은 한국어 또는 중국어를 써 보세요.

① 你一定要让他去做吗?
　　　yídìng 반드시

→

② 너는 그에게 사무실 좀 한 번 왔다 가라고 할 수 있어? (趟)

→

3 다음 대화에 알맞은 대답을 한자로 써 보세요.

① A: 你喜欢爸爸带你去医院吗?

B: 不, _____ (妈妈)

A: 为什么?

B: 疼的时候, 爸爸 _____ (不, 哭)

② A: 你们明天有事儿吗?

B: 当然, _____ (要)
　　dāngrán 당연하다

A: 你不是可以叫别人去发表吗?

B: 不行, 老师 _____ (自己, 准备)

第12课 겸어문 **53**

모범답안

1과

읽기

1. ① cānjiā ② lǐwù
   ③ wèishēngjiān ④ chènshān

2. ① Tóngxuémen qù wánr.
   ② Wǒ hé māma qù sòng nǎinai.
   ③ Lǎoshī huí xuéxiào ná dōngxi.
   ④ Nǐ lái zhèr zhǎo yi zhǎo.

3. ① A: Bàba shénme shíhou lái chī fàn?
      B: Wǒ yě bù zhīdào.
   ② A: Nǐ zuótiān qù kàn diànyǐng le ma?
      B: Wǒ zuótiān méi qù kàn.
   ③ A: Wǒmen yìqǐ qù kànkan ba!
      B: Hǎo.

듣기

1. ① (X) 他去洗。
   ② (O) 老师和留学生去那边打电话。
   ③ (X) 哥哥去看弟弟。
   ④ (O) 我们去宿舍休息休息。

2. ① ⓓ — A: 他们坐车去机场吗?
           B: 是，他们两点就去！
   ② ⓒ — A: 你星期六去医院看医生吗?
           B: 我打电话问问吧。
   ③ ⓑ — A: 爸爸去商店买几张床?
           B: 他去买两张床。
   ④ ⓐ — A: 你也去公园吗?
           B: 不，我去学校做作业。

3. ① (X) 今天妈妈去超市买水果；爸爸去公司工作；我去看电影。
   ② (X) 星期一我去图书馆看书。星期二我去公园休息。星期三我去学校打篮球。
   ③ (X) 明天早上8点去学校；中午12点去餐厅吃饭；晚上回家休息。
   ④ (O) 中国留学生去商店看了看，他们非常喜欢。他们在商店买了衣服、书包和咖啡。

말하기

1. ① 他们去商店购物。
   ② 不，他们坐公共汽车去机场。
   ③ 妈妈去银行换2000块(钱)。

2. ① 留学生去学习汉语。/ 留学生去补习班学习汉语。/ 留学生去补习班学习学习。
   ② 可爱的妹妹去洗衣服。/ 可爱的妹妹去宿舍洗衣服。/ 可爱的妹妹去宿舍洗洗。
   ③ 哥哥今天去找作业。/ 哥哥今天去学校找作业。/ 哥哥今天去学校找找。
   ④ 公司职员去学汉语。/ 公司职员去中国学汉语。/ 公司职员去中国学学。

쓰기

1. ① Wǒmen qù nǎr chī miànbāo?
   ② Lǎoshī qù sùshè kàn le kàn.
   ③ Tóngxuémen dōu qù cānjiā zhè cì bǐsài.

2. ① 언니(누나)는 도서관에 와서 숙제하고, 오빠(형)는 학교에서 해요.
   ② 我的朋友喜欢来我家喝咖啡。

3. ① 我去学校。/ 学校 / 我去学校找朋友。
   ② 我和妈妈去旅游。/ 你们去哪儿旅游?

2과

읽기

1. ① jǐngchá ② dǎsǎo
   ③ fángjiān ④ dài

2 ① Diū guo qiánbāo.
② Xuésheng méi dǎsǎo guo sùshè.
③ Tā māma qù guo sān cì Zhōngguó.
④ Nǐ zuò guo méiyǒu?

3 ① A: Nǐ chī guo fàn le ma?
　　B: Wǒ chī guo le.
② A: Nǐ dìdi cānjiā guo bǐsài méiyǒu?
　　B: Yǒu, tā cānjiā guo lánqiú bǐsài.
③ A: Nǐ xué guo gāo'ěrfūqiú ma?
　　B: Xué guo, bàba jiāo guo wǒ.

듣기

1 ① (X)　妈妈穿过。
② (X)　他们丢过好多次钱。
③ (O)　我在图书馆看过两次电影。
④ (X)　戴棒球帽的就是我的朋友。

2 ① ⓒ — A: 他怎么还不来?
　　　　　B: 你打过电话吗?
② ⓓ — A: 你去过医院旁边的餐厅吗?
　　　　　B: 去过。那里非常好吃！
③ ⓑ — A: 你喜欢打高尔夫球吗?
　　　　　B: 是，我打过好多次。
④ ⓐ — A: 韩国人喜欢去中国旅游吗?
　　　　　B: 是，我也去过三次。

3 ① (O)　星期一下雪；星期二刮风；星期三是晴天。
② (X)　我妹妹今天早上去汉语补习班，中午去音乐补习班，晚上去图书馆学习。
③ (X)　妈妈在学校旁边的商店买过水果。我只在公园买过水果。
④ (X)　我弟弟喜欢吃韩国的面包。他买了两个去看奶奶。奶奶也非常喜欢。

말하기

1 ① 我参加过棒球比赛。
② 我喝过七杯啤酒。
③ 我说过明天我们见面。

2 ① 弟弟打过电话。/ 弟弟打过两次电话。/ 弟弟打过电话没有?
② 我妹妹买过电影票。/ 我妹妹买过六张电影票。/ 我妹妹买过张电影票没有?
③ 同学们去商店买过衣服。/ 同学们去商店买过便宜的衣服。/ 同学们去商店买过衣服没有?
④ 爸爸坐过飞机。/ 爸爸坐过好多次飞机。/ 爸爸坐过飞机没有?

쓰기

1 ① Tāmen hái méi tīng guo Zhōngguó yīnyuè.
② Tā qù guo Fǎguó hěn duō cì.
③ Lǎoshī shuō guo tā xǐhuan shéi ma?

2 ① 학생들은 미국에 여러 번 놀러 가 봤다.
② 去年我读过那本书。

3 ① 我没有穿过连衣裙。/ 我穿过衬衫。
② 我在韩国买过好多次手机。/ 韩国手机3000块(钱)。

3과

읽기

1 ① yìdiǎnr　　　② bǐ
③ shāowēi　　　④ rè

2 ① Zuǒbian bǐ yòubian dà.
② Tā bǐ wǒ xìngfú duō le.
③ Jīntiān bǐ zuótiān shāowēi rè yìdiǎnr.
④ Zhèr de cāntīng méiyǒu nàr de cāntīng hǎochī.

3 ① A: Jīntiān de zuòyè duō bu duō?
　　B: Jīntiān de zuòyè bǐ zuótiān duō.

모범답안

② A: Nǐmen xuéxiào de cāochǎng zhēn dà!
   B: Wǒmen xuéxiào de cāochǎng méiyǒu nǐmen xuéxiào dà.
③ A: Nǐ bǐ dìdi gāo ma?
   B: Wǒ bù bǐ tā gāo.

듣기

1　① (X)　旅游比购物累。
　　② (O)　超市的东西比百货商店便宜多了。
　　③ (O)　他知道的比我哥哥还多。
　　④ (O)　爸爸和弟弟都比我帅得多。

2　① ⓓ — A: 这个书包是我的吗?
　　　　　　B: 不是，你的比我大。
　　② ⓒ — A: 学校远不远?
　　　　　　B: 学校没有地铁站远。
　　③ ⓑ — A: 今天你高不高兴?
　　　　　　B: 今天比昨天更高兴。
　　④ ⓐ — A: 这个雨伞怎么样?
　　　　　　B: 这个雨伞比那个雨伞稍微大一点儿。

3　① (X)　我们学校有很多留学生，有美国人，也有英国人。最多的是中国人。
　　② (O)　我们家有两辆自行车。一辆是姐姐的，一辆是我的。我的自行车比姐姐的贵。
　　③ (O)　我家有两个房间。我的房间有一张床和一张桌子。弟弟的房间有两张桌子，没有床。
　　④ (O)　您好！我们家的中国茶非常好。都是在中国买来的。我家旁边也卖。那儿的比我家的贵得多。

말하기

1　① 不，姐姐买的比我多。
　　② 咖啡厅比商店近多了。
　　③ 上次写的汉字没有今天写的好。

2　① 房间比卫生间更大。/ 房间比卫生间大多了。/ 房间没有卫生间大。
　　② 电脑比水果更贵。/ 电脑比水果贵多了。/ 电脑没有水果贵。
　　③ 足球比篮球更好玩儿。/ 足球比篮球好玩儿多了。/ 足球没有篮球好玩儿。
　　④ 工作比学习更累。/ 工作比学习累多了。/ 工作没有学习累。

쓰기

1　① Dùzi bǐ wèi gèng téng.
　　② Guā fēng bǐ xià yǔ hǎo yìxiē.
　　③ Wǒmen bān tóngxué bǐ lǎoshī dōu gāo.

2　① 중국어를 말하는 것이 한자를 쓰는 것보다 약간 더 쉽다.
　　② 我妹妹(弟弟)去年比今年更忙。

3　① 我们四个人一起住酒店。/ 一起住比一个人住便宜很多。
　　② 我去过中国很多次，韩国只去过一次。/ 稍微冷一点儿。

4과

읽기

1　① wán　　　　② qīngchu
　　③ liúlì　　　　④ gānjìng

2　① Wǒ tīngdǒng le.
　　② Wǒ de mèimei zhàn de qǐlái.
　　③ Nǐ zuótiān wǎnshang shuì de hǎo ma?
　　④ Bàba bǐ dìdi pǎo de kuài.

3　① A: Nǐ zhǎodào le méiyǒu?
　　　 B: Wǒ zhǎodào le, shū zài zhuōzi shàngbian.
　　② A: Nǐ chībǎo le ma?
　　　 B: Wǒ chī de tài bǎo le.

③ A: Tā shì nǐ gēge ma?
B: Nǐ kàncuò le, tā shì wǒ dìdi.

듣기

1 ① (X) 我没看清楚。
   ② (X) 爸爸明天八点回得来。
   ③ (O) 我妹妹睡午觉睡得很好。
   ④ (O) 他跑短跑跑得比我快。

2 ① ⓑ — A: 你听得懂汉语吗?
         B: 我听不懂。
   ② ⓓ — A: 房间打扫得干净吗?
         B: 房间打扫得很干净。
   ③ ⓒ — A: 你玩电脑玩得开心吗?
         B: 比学习开心多了。
   ④ ⓐ — A: 韩国学生跑得快不快?
         B: 中国学生跑得最快。

3 ① (X) 我妈妈今天去中国。她坐车去机场。她说坐车比坐地铁更快。
   ② (X) 爸爸和妈妈爬山。爸爸爬得上去，妈妈爬不上去。
   ③ (O) 他是我们学校学习最好的学生。他回答问题回答得非常快。
   ④ (X) 中午老师去餐厅吃中国菜了。他吃中国菜吃得非常饱。吃完饭，他去睡午觉了。

말하기

1 ① 我吃不下。
   ② 我明天晚上六点回得来。
   ③ 我们昨天玩儿得痛快。

2 ① 上午做得完。/ 上午做得快。/ 上午做饭做得快。
   ② 我们吃得到。/ 我们吃得饱。/ 我们吃汉堡包吃得饱。
   ③ 他看得懂。/ 他看得开心。/ 他看电影看得开心。
   ④ 我妹妹听得见。/ 我妹妹听得认真。/ 我妹妹听课听得认真。

쓰기

1 ① Wǒmen dōu zuòhǎo le.
   ② Mèimei xǐ yīfu xǐ de gānjìng.
   ③ Nǐ yǒu méiyǒu kàn qīngchu zhè shàngmiàn xiě de zì?

2 ① 그는 최근 업무를 매우 바쁘게 하고 있다.
   ② 那个汉字你们写错了。

3 ① 我们还没做完作业。/ 我做得完。
   ② 我们吃完饭了，吃得很饱。/ 我们吃饭吃得很好。

5과

읽기

1 ① guàng jiē   ② zài
   ③ yǎnchànghuì   ④ gānggāng

2 ① Wǒ méi wán yóuxì.
   ② Lǎoshī yǐjīng shuō guo le.
   ③ Jiějie yě shuì wǔjiào.
   ④ Tā qī diǎn cái kāishǐ xiě zuòyè.

3 ① A: Zuótiān dǎsǎo fángjiān le ma?
     B: Wǒ jīntiān yě dǎsǎo guo le.
   ② A: Nǐ gēge bù gōngzuò ma?
     B: Tā bú shì bù gōngzuò, méiyǒu gōngzuò.
   ③ A: Nǐ bié zài Měiguó xué Hànyǔ.
     B: Wǒ bú zài Měiguó xué Hànyǔ, wǒ qù Zhōngguó xué.

듣기

1 ① (O) 警察昨天才回来。
   ② (X) 老师再跟他说了一遍。
   ③ (X) 现在是1点58分，我们2点再开始。

모범답안

④ (O)　你别跟妈妈说我没做作业。

2　① ⓓ — A: 你再回来好吗?
　　　　　　 B: 对不起, 我已经来公司了。

　　② ⓑ — A: 老师, 您几点吃晚饭?
　　　　　　 B: 我马上就吃。

　　③ ⓐ — A: 你哥哥又去玩儿游戏了?
　　　　　　 B: 是, 他玩儿得非常开心。

　　④ ⓒ — A: 你怎么才来?
　　　　　　 B: 我吃完饭就来了。

3　① (X)　他早上去跑短跑；中午去补习班学习；晚上去打篮球。

　　② (O)　妈妈回酒店喝咖啡；弟弟回酒店玩电脑游戏；姐姐在商店购物。

　　③ (X)　我姐姐23岁就大学毕业了；我哥哥28岁才毕业；我现在在大学上课。

　　④ (O)　妈妈说,饭已经做好了。我和姐姐就马上去吃饭了,吃得非常开心。

말하기

1　① 她没参加过篮球比赛。
　　② 演唱会已经结束了。
　　③ 我刚刚发表完。

2　① 姐姐没下班。/ 姐姐刚刚下班。/ 姐姐也下班吗? / 姐姐怎么现在就下班?

　　② 哥哥不去上课。/ 哥哥马上去上课。/ 哥哥再去上课吗? / 哥哥怎么现在就上课?

　　③ 我们没去公园。/ 我们刚刚去公园。/ 我们又去公园吗? / 我们怎么现在才去公园?

　　④ 你别去宿舍休息。/ 你马上去宿舍休息。/ 你又去宿舍休息吗? / 你怎么现在才去宿舍休息?

쓰기

1　① Bié zài cāochǎng tī zúqiú.
　　② Zuótiān mǎi de chènshān yǐjīng xǐwán le.
　　③ Nǐ zěnme liǎng diǎn jiù lái le?

2　① 형(오빠)는 방금 밥을 다 먹고 바로 수업을 들으러 갔다.
　　② 学生们到了晚上九点才回家。

3　① 我们刚刚点完。/ 他马上(就)来(了)。
　　② 我没去过我家旁边的医院。/ 也没去过。

6과

읽기

1　① měitiān　　② xūyào
　　③ gǎn xìngqù　　④ zháojí

2　① Yīshēng cóng míngtiān kāishǐ shàngbān.
　　② Zhōngguó lí Hánguó hěn jìn.
　　③ Lǎoshī duì zuótiān de fābiǎo hěn gǎn xìngqù.
　　④ Wèile xuéxí Hànyǔ, jiějie qù Zhōngguó le.

3　① A: Nǐ wèile shéi cānjiā bǐsài?
　　　 B: Wǒ wèile māma cānjiā bǐsài.

　　② A: Xuéxiào lí túshūguǎn yuǎn bu yuǎn?
　　　 B: Wǒ bù zhīdào, méi qù guo.

　　③ A: Cóng nǐ jiā dào dìtiězhàn xūyào jǐ fēnzhōng?
　　　 B: Wǒ jiā lí dìtiězhàn hěn jìn, zhǐ xūyào wǔ fēnzhōng.

듣기

1　① (O)　我们从一点到三点上课。
　　② (O)　酒店离银行很近。
　　③ (X)　他对中国历史非常感兴趣。
　　④ (X)　为了健康, 我每天做运动。

2　① ⓐ — A: 弟弟什么时候开始上学?
　　　　　　 B: 弟弟从星期一开始上学。

　　② ⓓ — A: 她们是不是对你感兴趣?

　　　　　B: 不是我，是对我哥哥感兴趣。
③ ⓑ — A: 你去商店买什么？
　　　　　B: 我为妈妈买礼物。
④ ⓒ — A: 你家离补习班不远吧？
　　　　　B: 不是，我家离补习班稍微远一些。

3 ① (X)　我家离学校跑步需要10分钟；离银行坐地铁需要20分钟；离医院坐车需要30分钟。
　② (X)　昨天学的汉字我们都记住了。为了明天的考试，我们都在学校认真学习。
　③ (X)　星期二早上，我在学校上课，肚子有点儿疼，告诉老师了。老师对我说，休息三天。
　④ (X)　我非常喜欢喝可乐，吃完饭就喝可乐。我妈妈每天说，为了健康，少喝可乐好一些。

말하기

1 ① 从我开始用这辆车。
　② 他对我非常好。
　③ 他为了找工作学习。

2 ① 足球比赛从1点开始。/ 离足球比赛还有一个小时。/ 我对足球比赛很感兴趣。/ 我去美国，是为了参加足球比赛。
　② 考试从1点开始。/ 离考试还有一个小时。/ 我对考试很有信心。/ 我去美国，是为了准备考试。
　③ 生日派对从1点开始。/ 离生日派对还有一个小时。/ 我对生日派对很感兴趣。/ 我去美国，是为了开生日派对。
　④ 会议从1点开始。/ 离会议还有一个小时。/ 我对会议很负责。/ 我去美国，是为了参加会议。

쓰기

1 ① Lí xīngqīyī zhǐ yǒu sān tiān.
　② Zhè jiàn shì duì wǒ fēicháng zhòngyào.
　③ Wǒmen wèile jiànkāng, měitiān zài gōngyuán zuò yùndòng.

2 ① 그로부터 좀 떨어져.
　② 从明天早上开始，我们在地铁站见面吧！

3 ① 从电影院到银行坐车需要10分钟。/ 走路需要15分钟。
　② 我家离这儿很远。/ 对我来说，回家吃饭最干净。

7과

읽기

1 ① yíyàng　　　② yóujiàn
　③ zīliào　　　 ④ xiǎngfǎ

2 ① Zhège wèntí wǒ gēn lǎoshī shuō ba!
　② Zhège lǐwù shì péngyou gěi wǒ mǎi de.
　③ Nǐ bǎ fángjiān dǎsǎo gānjìng.
　④ Wǒ de shǒujī yǐjīng bèi tā nònghuài le.

3 ① A: Zhège xiàngmù shì tā gěi wǒmen jièshào de ma?
　　　B: Wǒ yě bù zhīdào.
　② A: Zuìjìn Zhōngguó tiānqì zěnmeyàng?
　　　B: Gēn Hánguó bǐ, Zhōngguó tiānqì gèng lěng yìxiē.
　③ A: Nǐ yǒu shénme xiǎngfǎ?
　　　B: Wǒ yǐjīng bǎ wǒ de xiǎngfǎ gàosu lǎoshī le.

듣기

1 ① (X)　跟星期三比，今天人更多。
　② (X)　弟弟给我找了我丢的钱包。
　③ (X)　你现在把资料做完。
　④ (O)　哥哥打他们了。

2 ① ⓑ — A: 你比哥哥矮吗？
　　　　　B: 跟哥哥比，我更高一些。
　② ⓓ — A: 您有什么事？

모범답안

B: 请你告诉他明天三点给我打电话。

③ ⓐ — A: 谁长得更漂亮?
B: 你跟姐姐长得一样。

④ ⓒ — A: 你丢没丢你的笔记本?
B: 我昨天把我的笔记本弄丢了。

3 ①(X) 星期天我和朋友们一起去公园骑自行车了。我们非常开心。两个小时以后，我把自行车弄坏了。

②(X) 最近，我工作很认真，每天很晚回家。昨天，回家以后，妈妈跟我说，为了健康，从明天开始，早点儿回家。

③(X) 我小时候，跟爸爸一起去过中国。中国给我留下了非常深刻的印象。为了以后再去中国，我从小就开始学习汉语了。

④(O) 我家有三本词典。红色的词典被我弟弟借走了，浅蓝色的词典被妈妈弄丢了，深蓝色的词典在家里没人看。

말하기

1 ① 我跟他说得不一样。
② 他八点半给你打电话。
③ 不，我的手机被我弟弟弄坏了。

2 ① 他跟妈妈说，他买了妈妈的咖啡。/ 妈妈的咖啡是他给妈妈买的。/ 他把妈妈的咖啡喝完了。/ 妈妈的咖啡被他喝完了。

② 爸爸跟我们说，他点了我们的蛋糕。/ 我们的蛋糕是爸爸给我们点的。/ 爸爸把我们的蛋糕扔了。/ 我们的蛋糕被爸爸扔了。

③ 师傅跟她说，他修了她的车。/ 她的车是师傅给她修的。/ 师傅把她的车弄好了。/ 她的车被师傅弄好了。

④ 医生跟他们说，他介绍了他们的项目。/ 他们的项目是医生给他们介绍的。/ 医生把他们的项目说清楚了。/ 他们的项目被医生说清楚了。

쓰기

1 ① Nǐ gēn tā shuō yi shuō zuótiān de shìr.
② Zhè zhāng diànyǐngpiào shì wǒ nánpéngyou gěi wǒ mǎi de.
③ Tóngxuémen bǎ nà jiàn shì dōu gàosu wǒmen jǐngchá le.

2 ① 나는 네가 선생님에게 배우는 것이 조금 더 낫다고 생각한다.
② 妈妈给我的钱被哥哥花了。

3 ① 我没跟他说。/ 我马上给他打电话。
② 把衣服都洗完了。/ 衣服被洗得非常干净。

8과

읽기

1 ① bàngōngshì ② nǚhái
③ Shǒu'ěr ④ chídào

2 ① Nǐ kuài zuòxià.
② Wǒmen bǎ chē kāi guòqù ba!
③ Lǎolao huí tā jiā qù le.
④ Mèimei pǎo jìn wū qù le.

3 ① A: Nǐ qù huàn zhège kùzi ba!
B: Wǒ méiyǒu shíjiān, nǐ ná qù huàn ba!
② A: Wǒ de zhuōzi fàng nǎr le?
B: Wǒ bǎ nǐ de zhuōzi bān chūlái le.
③ A: Nǐ de nǚpéngyou ne?
B: Cóng duìmiàn zǒu guòlái de nǚhái jiù shì wǒ de nǚpéngyou.

듣기

1 ①(X) 他周五去了。
②(X) 他把东西找回来了。
③(X) 她回首尔去了。

④ (O) 老师很快就跑回办公室去了。

2 ① ⓑ — A: 你怎么回来了?
　　　　　B: 我拿书来了。
　② ⓒ — A: 我的衣服在哪儿?
　　　　　B: 你的衣服被妈妈扔出去了。
　③ ⓓ — A: 你家离这儿远吗? 我送你回家去吧!
　　　　　B: 谢谢, 我家离这儿不远。
　④ ⓐ — A: 爸爸又去哪儿了?
　　　　　B: 爸爸又开回饭店去了。

3 ① (X) 哥哥、姐姐和我都在首尔生活。他们每天都很忙, 哥哥下课就跑去图书馆看书, 姐姐下课就跑去宿舍学习。我跟他们不一样, 我下课就休息。
　② (X) 今天的汉语作业太多了, 我把汉语书都带回家去了。回家以后, 从六点一直做到十二点半才做完。做完作业以后, 我把书都放回书包里了。
　③ (X) 昨天是星期天。我和妈妈在家休息。爸爸从公司打电话来, 跟我们说, 现在下雨, 需要我们开车过去接他回来。
　④ (O) 我每天早上7点上汉语课。妈妈为了我, 每天和我一起起床, 送我去补习班上课。上完课, 她等我把我送回家来。

말하기

1 ① 手机被他拿去了。
　② 把车开回家去。
　③ 我们也不知道。

2 ① 你把礼物拿去。/ 你把礼物拿回去。/ 你把礼物拿学校去。/ 你把礼物拿回学校去。
　② 你把护照拿来。/ 你把护照拿上来。/ 你把护照拿办公室来。/ 你把护照拿上办公室来。
　③ 你把沙发搬去。/ 你把沙发搬进去。/ 你把沙发搬房间去。/ 你把沙发搬进房间去。
　④ 你把他送去。/ 你把他送回去。/ 你把他送韩国去。/ 你把他送回韩国去。

쓰기

1 ① Xiànzài mǎi huíqù hái yǒu yòng ma?
　② Gēge bǎ bèi péngyou názǒu de shǒujī zhǎo huílái le.
　③ Kǎoshì jiéshù yǐhòu, dàjiā dōu qù bàngōngshì zhǎo lǎoshī qù le.

2 ① 내가 아직 말을 끝내지 못했는데, 그는 주방으로 들어가 버렸다.
　② 你把雨伞带过来, 好吗?

3 ① 他跑回去了。/ 他跑回宿舍去了。
　② 把衣服扔了。/ 买过来的衣服。

9과

읽기

1 ① dǎrǎo　　② rìchéng
　③ bīngqílín　④ yánjiū

2 ① Tā zǒu zhe zǒu zhe jiù dào le.
　② Hē zhe píjiǔ kàn zúqiú.
　③ Dìdi zài yánjiū zhòngyào de xiàngmù.
　④ Māma zài jiā lǐ shuìjiào ne.

3 ① A: Nǐ xǐhuan chuān shénme yánsè de yīfu qù fābiǎo?
　　 B: Wǒ xǐhuan chuān zhe zǐsè de yīfu qù fābiǎo.
　② A: Tāmen kāishǐ xǐzǎo le ma?
　　 B: Tāmen zhèngzài xǐzǎo ne.
　③ A: Nǐ měitiān ná zhe shǒujī chī fàn, bù hǎo ba!
　　 B: Wǒ zhīdào ná zhe shǒujī chī fàn bù hǎo.

모범답안

듣기

1. ① (X) 他在穿裤子。
   ② (O) 他听着音乐吃汉堡包。
   ③ (X) 我在介绍从美国过来的朋友。
   ④ (O) 我们正在在操场休息呢。

2. ① ⓓ — A: 左边的人拿着什么?
        B: 左边的人拿着白色的衣服。
   ② ⓑ — A: 他在做什么呢?
        B: 他在为你做饭呢。
   ③ ⓐ — A: 唱着歌儿的那个人是谁?
        B: 他是我弟弟。
   ④ ⓒ — A: 他最喜欢做什么?
        B: 他最喜欢吃着冰淇淋看电视。

3. ① (X) 她的男朋友穿着白色的裤子。我的女朋友穿着蓝色的裙子。正在从前面开车过来的人，我们都不认识。
   ② (X) 弟弟在桌子上认真看书。我问他，他在做什么? 弟弟说，他在做计划，别打扰他。
   ③ (X) 我的弟弟喜欢玩儿游戏。经常玩儿着游戏写作业。爸爸跟他说，这是不好的习惯。把作业做完了，再去玩儿游戏。
   ④ (O) 我昨天晚上看电影，看着看着就看了好几遍。今天上历史课的时候，老师在讲两国关系。我听着听着就睡着了。

말하기

1. ① 不，她们在喝咖啡。
   ② 他们正在准备计划。
   ③ 穿黑色连衣裙的人（就）是我妹妹。

2. ① 他打着电话。/ 他打着电话上电梯。/ 他在打电话。/ 他正在打电话呢。
   ② 他踢着足球。/ 他踢着足球看手机。/ 他在踢足球。/ 他正在踢足球呢。
   ③ 他打扫着房间。/ 他打扫房间唱歌儿。/ 他在打扫房间。/ 他正在打扫房间呢。
   ④ 他看着前边。/ 他看着前边洗手。/ 他在看前边。/ 他正在看前边呢。

쓰기

1. ① Měiguó zài sòng hěn duō xuésheng dào Zhōngguó liúxué.
   ② Jīntiān guā dàfēng, hěn duō cāntīng zài guān mén.
   ③ Dài zhe màozi hé zài dài màozi bù yíyàng.

2. ① 그녀는 어제 배운 내용을 정리하고 있다.
   ② 我们在计划你们说的日程。

3. ① 他们还没看完。/ 我们正在看(呢)。
   ② 才睡得非常好。/ 我弟弟不这样。

10과

읽기

1. ① ānpái   ② shōushi
   ③ zūnzhòng ④ nǔlì

2. ① Xuéxiào lǐ de tóngxué dōu xiǎng huí jiā.
   ② Wǒ xiǎng bǎ chē kāi guòlái.
   ③ Nǐ yào hóngsè de píngguǒ, shì ma?
   ④ Dàjiā yào zuò míngnián de jìhuà.

3. ① A: Nǐ míngtiān huíguó ma?
      B: Duì, wǒ xiǎng jiā le.
   ② A: Nín yào mǎi shénme?
      B: Wǒ xiǎng mǎi yì bēi kāfēi.
   ③ A: Nǐ xiǎng chūqù kànkan ma?
      B: Wǒ bù xiǎng chūqù, nǐ yí ge rén qù ba.

듣기

1. ① (X) 妹妹不想考试。

②　(X)　　我要收拾行李。
③　(X)　　我要比她漂亮。
④　(X)　　同学们想带着手机去学校。

2　①　ⓑ　—　A: 我想和男朋友去看电影。
　　　　　　B: 你不是昨天看了吗?
　　②　ⓐ　—　A: 你要不要跟我一起去购物?
　　　　　　B: 我想跟你一起去购物。
　　③　ⓓ　—　A: 我想妈妈了。
　　　　　　B: 是吗? 为什么不去看?
　　④　ⓒ　—　A: 您要谁去拿东西?
　　　　　　B: 我要你去拿。

3　①　(X)　昨天我告诉同学，我想吃韩国菜。他说，他带我出去找韩国餐厅一起吃。
　　②　(X)　我从去年开始来中国学习。非常想妈妈。想回韩国看她。我要和老师商量商量。
　　③　(X)　我们学校星期六要去旅游。同学们都想带着手机去。问了老师，老师说，不要带手机来。
　　④　(X)　星期三是我男朋友的生日。我想给男朋友买礼物。不知道他喜欢什么。我要和他弟弟一起去百货商店买礼物。

말하기

1　①　不，我想喝果汁。
　　②　我要点比萨。
　　③　我要白色的衣服。

2　①　老师想同学们。/ 同学们想吃汉堡。/ 同学们要一个汉堡。/ 同学们要吃汉堡。
　　②　我和姐姐想弟弟。/ 弟弟想喝咖啡。/ 弟弟要一杯咖啡。/ 弟弟要喝咖啡。
　　③　我们想爸爸。/ 爸爸想买车。/ 爸爸要一辆车。/ 爸爸要买车。
　　④　哥哥想他的女朋友。/ 他的女朋友想订机票。/ 他的女朋友要一张机票。/ 他的女朋友要订机票。

쓰기

1　① Wǒ xiǎng chī, jiù yào chī.
　　② Nǐ xíguàn chídào, nǐ yào zǎodiǎnr qǐchuáng.
　　③ Wǒ xiǎng zài nǐ shēngrì de shíhou zuò dàngāo gěi nǐ chī.

2　① 너 잘 생각해야 해.
　　② 你跟我们不一样，你要跳着舞唱歌。

3　① 我们想骑摩托车去。/ 需要两个小时。
　　② 他想今年结婚。/ 她想明年结婚。

11과

읽기

1　① zhàogù　　　② chōu yān
　　③ hùshi　　　　④ zhīchí

2　① Wǒ xīngqīsān néng sòng nǐ qù gōngsī.
　　② Nǐ kě bu kěyǐ gěi wǒ zhǔnbèi yìxiē zīliào?
　　③ Wǒ bú huì gēn bàba yào tā de chē.
　　④ Mèimei huì kǎoshàng hěn hǎo de dàxué (de).

3　① A: Hùshi huì gěi yīshēng shuō zhè jiàn shì ma?
　　　B: Wǒ xiǎng tā bú huì gēn yīshēng shuō zhè jiàn shì.
　　② A: Quán shìjiè de rén dōu yǒu huì guānzhù wǒmen.
　　　B: Shénme? Bú huì ba!
　　③ A: Nǐ juéde tā néng cóng Měiguó huílái ma?
　　　B: Bù zhīdào, tā de nǚpéngyou gàosu wǒmen de.

듣기

1　①　(X)　　你能不能坐下?
　　②　(X)　　我可以喝七杯茶。

모범답안

③ (X) 　我会抽烟。
④ (X) 　这个项目我们从今年8月开始。

2 ① ⓒ ― A: 你能帮我安排明天的日程吗?
　　　　　　B: 我们已经准备好了。
　② ⓐ ― A: 你可以去百货商店购物。
　　　　　　B: 我现在太累了，不想去。
　③ ⓑ ― A: 你会开车吗?
　　　　　　B: 我会，我的车在那边。
　④ ⓓ ― A: 你的男朋友也支持你的想法吗?
　　　　　　B: 他会支持我的。

3 ① (X) 　对不起，我已经跟他说过，我不会再教他汉语的。不要再来找我。
　② (X) 　今天我要带姐姐去公园。我把这件事给忘了。姐姐只能自己去。我跟她说，星期一再带她一起去。
　③ (O) 　演唱会刚刚结束。妈妈给我打了电话。问我现在在哪儿。我跟她说，我不能告诉她我在哪儿。
　④ (X) 　我会说汉语。妹妹也会说。我说得不太流利，妹妹说得非常流利。我没有我妹妹说得好。

말하기

1 ① 晚上我不能接你回去。
　② 他们毕业以后，会来看我们(的)。
　③ 我不会讲中文。

2 ① 别人能照顾孩子。/ 别人可以照顾孩子。/ 别人会照顾孩子。/ 别人会照顾孩子的。
　② 妈妈能出去买。/ 妈妈可以出去买。/ 妈妈会出去买。/ 妈妈会出去买的。
　③ 我们能收拾一点儿。/ 我们可以收拾一点儿。/ 我们会收拾一点儿。/ 我们会收拾一点儿的。
　④ 他能跳着舞唱歌。/ 他可以跳着舞唱歌。/ 他会跳着舞唱歌。/ 他会跳着舞唱歌的。

쓰기

1 ① Nǐ míngtiān kěyǐ gěi wǒ wǒ yào de dōngxi ma?
　② Wǒmen néng bu néng kànkan nǐ de zuòyè?
　③ Bù kěyǐ zài zhèyàng zuò.

2 ① 내가 네 컴퓨터를 pc방에 팔아도 될까 안 될까?
　② 他们明天会跟哥哥一起去医院(的)。

3 ① 我不能用汉语聊天。/ 我想在很多人前面用汉语发表。
　② 我要告诉老师。/ 老师会问我(的)。

12과

읽기

1 ① lǜshī　　　② yǎnjiǎng
　③ qiántái　　④ zhǔ

2 ① Wǒ xǐhuan māma zhěnglǐ wǒ de fángjiān.
　② Wǒ qǐng wǒ gēge shàngtái fābiǎo.
　③ Fùmǔ ràng háizi zài xuéxiào nǔlì xuéxí.
　④ Tā jiào wǒ xiě bàogào.

3 ① A: Jīntiān shéi qǐng wǒmen chī fàn?
　　　B: Jīntiān méiyǒu rén qǐng wǒmen chī fàn.
　② A: Wǒmen yào gēn tā yìqǐ qù yǎnchànghuì ma?
　　　B: Shì, wǒ māma jiào tā lái le.
　③ A: Nǐ néng bu néng bāng wǒ zhǔ fāngbiànmiàn?
　　　B: Bù xíng, yīshēng bú ràng nǐ chī tài duō de fāngbiànmiàn.

듣기

1 ① (X) 　我现在可以请律师解决问题吗?
　② (X) 　我弟弟汉语说得非常流利。

③ (X)　你明天能让他看一遍吗？

④ (X)　我妈妈每天说她想减肥。

2　① ⓑ — A: 你能让他找大一点儿的裤子吗？
　　　　　　B: 对不起，现在只有小的裤子。

　　② ⓓ — A: 你的孩子呢？
　　　　　　B: 我叫他写作业了。

　　③ ⓐ — A: 你会煮方便面吗？
　　　　　　B: 我不会，我让我的男朋友去煮了。

　　④ ⓒ — A: 今天是我的生日，我想请大家喝酒。
　　　　　　B: 对不起，今天我们都没有时间。

3　① (X)　昨天下雪了。妈妈叫我去接弟弟回家。我说，我要去上课，不能去接他。

　　② (X)　我们在计划明年的日程。做完以前，能不能让老师先看看？我不知道老师会不会喜欢。

　　③ (O)　哥哥星期五毕业了。我们请哥哥去吃了他喜欢的中国菜。他非常喜欢。他说，下次他会请我们吃韩国菜。

　　④ (X)　我喜欢姐姐带我去公园做运动。我们一起运动的时候，姐姐可以帮我做运动，也可以跟我聊天。

말하기

1　① 我不喜欢弟弟弄坏我的东西。
　　② 你叫我安排的日程还没好。
　　③ 是，老师没让我参加比赛。

2　① 我喜欢大家去图书馆借书。/ 我请大家去图书馆借书。/ 我让大家去图书馆借书。/ 我叫大家去图书馆借书。

　　② 老板喜欢我来北京工作。/ 老板请我来北京工作。/ 老板让我来北京工作。/ 老板叫我来北京工作。

　　③ 他不喜欢我吃晚饭。/ 他不请我吃晚饭。/ 他不让我吃晚饭。/ 他不叫我吃晚饭。

　　④ 妻子喜欢我每天给她打电话。/ 妻子请我每天给她打电话。/ 妻子让我每天给她打电话。/ 妻子叫我每天给她打电话。

쓰기

1　① Tā shuō tā xiǎng wǎnshang qǐng wǒmen chī fàn.
　　② Wǒ ràng tā qù zhǎo héshì de duìxiàng.
　　③ Lǎoshī jiào tāmen zhěnglǐ míngtiān yào yǎnjiǎng de nèiróng.

2　① 너는 꼭 그 사람한테 하러 가라고 해야겠어？
　　② 你能让他来一趟办公室吗？

3　① 我喜欢妈妈带我去医院。/ 不让我哭。
　　② 我们明天要去发表。/ 让我们自己准备。

중국어뱅크

내 손 안의 공식!

내공
중국어 ②

김현철·강미진·육영화·조매염 외 지음

단어장

동양북스

이 책의 특징 및 활용법

『내공 중국어』의 서브 교재인 「단어장」은 항상 휴대하여 학습할 수 있도록 단어장 형태로 제작되었으며, 단어의 사용과 문장에서의 쓰임, 작문 연습 등을 다양하게 연습시킵니다.

❶ 단어 익히기

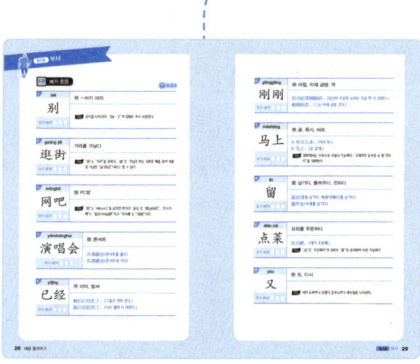

〈生词 뼈가 튼튼〉에서는 주 교재의 매 과에 새로 나오는 단어가 제시됩니다. 암기 체크를 통하여 세 번 이상 반복하며 쓰고 읽기 연습을 하며, 확실히 암기할 수 있도록 합니다.
첫 번째 암기 시에는 한자-발음-의미만 보고, 두 번째 암기 시에는 구나 문장으로 된 예문을 함께, 마지막 암기 시에는 단어에 제시되는 tip을 함께 보며 암기하도록 합니다.

❷ 문장 익히기 → 문제로 익히기

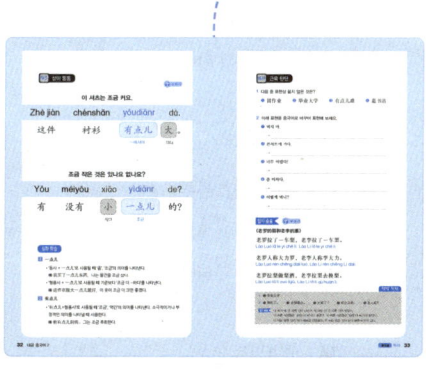

〈句子 살이 통통〉에서는 주 교재의 〈회화 연습하기〉에서 배운 단어들이 문장에서 어떻게 활용되는지 눈에 쏙 들어오는 형식으로 통암기할 수 있도록 합니다.

〈练习 근육 탄탄〉은 문제를 풀어 보며, 지금까지 학습한 단어 및 어법을 다지며 심화하는 단계입니다. 작문 및 발음 연습을 통해 배운 내용을 탄탄히 복습합니다.

이 책의 차례

이 책의 특징 및 활용법 ········· 03
이 책의 차례 ········· 04

1 연동문
生词 뼈가 튼튼 ········· 05
句子 살이 통통 ········· 08
练习 근육 탄탄 ········· 09

2 过
生词 뼈가 튼튼 ········· 10
句子 살이 통통 ········· 13
练习 근육 탄탄 ········· 14

3 비교문
生词 뼈가 튼튼 ········· 15
句子 살이 통통 ········· 19
练习 근육 탄탄 ········· 20

4 보어
生词 뼈가 튼튼 ········· 21
句子 살이 통통 ········· 26
练习 근육 탄탄 ········· 27

5 부사
生词 뼈가 튼튼 ········· 28
句子 살이 통통 ········· 32
练习 근육 탄탄 ········· 33

6 개사1
生词 뼈가 튼튼 ········· 34
句子 살이 통통 ········· 38
练习 근육 탄탄 ········· 39

7 개사2
生词 뼈가 튼튼 ········· 40
句子 살이 통통 ········· 44
练习 근육 탄탄 ········· 45

8 방향보어
生词 뼈가 튼튼 ········· 46
句子 살이 통통 ········· 49
练习 근육 탄탄 ········· 50

9 着/在
生词 뼈가 튼튼 ········· 51
句子 살이 통통 ········· 55
练习 근육 탄탄 ········· 56

10 능원동사1
生词 뼈가 튼튼 ········· 57
句子 살이 통통 ········· 60
练习 근육 탄탄 ········· 61

11 능원동사2
生词 뼈가 튼튼 ········· 62
句子 살이 통통 ········· 66
练习 근육 탄탄 ········· 67

12 겸어문
生词 뼈가 튼튼 ········· 68
句子 살이 통통 ········· 71
练习 근육 탄탄 ········· 72

 第1课 연동문

生词 뼈가 튼튼

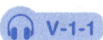 V-1-1

1 dǎ 打

동 치다, 두드리다, 때리다

打电话(전화를 걸다)   打车(택시를 잡다)

Tip 손을 이용하는 동작을 표현할 때 '打'를 자주 사용한다.

암기 체크! ☐☐☐

2 tī 踢

동 (발로) 차다, 발길질하다

踢球(공을 차다)

Tip 발로 하는 운동은 '踢'를 사용해 표현할 수 있다.

암기 체크! ☐☐☐

3 xǐ 洗

동 씻다, 빨다

Tip 씻는 대상을 '洗' 뒤에 붙인다. '옷을 빨다', '머리를 감다', '설거지하다'는 동사 '洗'를 사용한다.

암기 체크! ☐☐☐

4 sòng 送

동 주다, 선사하다, 보내다, 배웅하다

送朋友一本书。(친구에게 책 한 권을 선물로 주다.)

Tip 'A에게 B를 선물로 주다'는 '送+A(사람)+B(물건)' 형식을 사용한다.

암기 체크! ☐☐☐

5 cānjiā 参加

동 참가하다, 참여하다

参加比赛(경기에 참가하다)

Tip '경기에 참가하다'는 동사 '参加'를 사용한다.

암기 체크! ☐☐☐

6 lánqiú
篮球
암기 체크! ☐☐☐

명 농구

打篮球(농구를 하다)

---

7 zuòyè
作业
암기 체크! ☐☐☐

명 숙제

Tip '숙제를 하다'는 '做作业'와 '写作业' 모두 가능하다.

---

8 zúqiú
足球
암기 체크! ☐☐☐

명 축구

踢足球(축구를 하다)

---

9 rén
人
암기 체크! ☐☐☐

명 사람, 인간

找人(사람을 찾다)
人们(사람들)

---

10 chènshān
衬衫
암기 체크! ☐☐☐

명 셔츠, 블라우스

穿衬衫(셔츠를 입다)

11 lǐwù
礼物

암기 체크! ☐☐☐

명 선물

送礼物(선물을 주다)

12 bǐsài
比赛

암기 체크! ☐☐☐

명 경기, 시합

足球比赛(축구 경기)

13 gōngyuán
公园

암기 체크! ☐☐☐

명 공원

去公园(공원을 가다)

14 yīyuàn
医院

암기 체크! ☐☐☐

명 병원

去医院(병원을 가다)

15 xiūxi
休息

암기 체크! ☐☐☐

동 쉬다, 휴식하다

Tip 중첩형 '休息休息'는 '(잠깐, 잠시, 조금) 쉬다'의 의미를 나타낸다.

 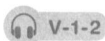

어떤 음료수를 원하십니까?

Nín yào shénme yǐnliào?

您 要 什么 饮料?

음료

콜라
kělè
可乐

사이다
xuěbì
雪碧

생수, 광천수
kuàngquánshuǐ
矿泉水

과일 주스
guǒzhī
果汁

오렌지 주스
chéngzhī
橙汁

아메리카노
měishì kāfēi
美式咖啡

라떼
nátiě
拿铁

카푸치노
kǎbùqínuò
卡布奇诺

练习 근육 탄탄

1 다음 중 의미의 연결이 옳지 않은 것은?

① 打人: 사람을 때리다　　② 打车: 차를 두드리다

③ 打电话: 전화를 걸다　　④ 打篮球: 농구를 하다

2 아래 표현을 중국어로 바꾸어 표현해 보세요.

① 나는 축구를 하러 학교에 가요.
→

② 친구에게 선물을 주다.
→

③ 농구 경기에 참가하다.
→

④ 저쪽에 가서 조금 쉬세요.
→

⑤ 저는 라떼 한 잔 주세요.
→

입이 술술  V-1-3

《小礼帮小丽》

小礼家有梨，小丽家有李。
Xiǎolǐ jiā yǒu lí, Xiǎolì jiā yǒu lǐ.

小礼帮小丽摘李，小丽帮小礼摘梨。
Xiǎolǐ bāng Xiǎolì zhāi lǐ, Xiǎolì bāng Xiǎolǐ zhāi lí.

정답 확인

1　② 打车: 차를 두드리다

2　① 我去学校踢足球。　② 送朋友礼物。　③ 参加篮球比赛。
　　④ 去那边休息休息吧。　⑤ 我要一杯拿铁。

입이 술술　샤오리(小礼)네 집에는 배가 있고, 샤오리(小丽)네 집에는 자두가 있다.
　　　　　샤오리(小礼)는 샤오리(小丽)가 자두를 따는 것을 도와주고, 샤오리(小丽)는 샤오리(小礼)가 배를 따는 것을 도와준다.

 第2课 过

 뼈가 튼튼

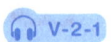 V-2-1

1 guo

过

암기 체크! ☐☐☐

조 동사 뒤에 사용하여 과거의 경험을 나타낸다.

我去过中国。(나는 중국에 가 본 적이 있다.)
我没去过中国。(나는 중국에 가 본 적이 없다.)
我去过一次中国。(나는 중국에 한 번 가 본 적이 있다.)
你去过中国没有?(당신은 중국에 가 본 적이 있나요?)

2 dǎsǎo

打扫

암기 체크! ☐☐☐

동 청소하다

打扫宿舍(기숙사를 청소하다)

3 zhù

住

암기 체크! ☐☐☐

동 묵다, 머무르다, 거주하다

住饭店(호텔에 묵다)

4 jiāo

教

암기 체크! ☐☐☐

동 가르치다

教他(그를 가르치다)   教汉语(중국어를 가르치다)
教他汉语(그에게 중국어를 가르치다)

Tip 'A에게 B를 가르치다'는 '教+A(사람)+B(내용)' 형식을 사용한다.

5 dāng

当

암기 체크! ☐☐☐

동 담당하다, 맡다, ~이/가 되다

她当妈妈了。(그녀는 엄마가 되었다.)
她当老师了。(그녀는 선생님이 되었다.)

6 diū
丢

동 잃다, 분실하다

丢过手机(휴대전화를 잃어버린 적이 있다)

암기 체크! ☐☐☐

7 dìtú
地图

명 지도

找地图(지도를 찾다)

암기 체크! ☐☐☐

8 fángjiān
房间

명 방

打扫房间(방을 청소하다)
我的房间(내 방)

암기 체크! ☐☐☐

9 bàngqiú mào
棒球帽

야구 모자

戴棒球帽(야구 모자를 쓰다)

Tip 무언가를 머리에 쓰는 동작은 동사 '戴'를 이용해 표현한다.

암기 체크! ☐☐☐

10 jǐngchá
警察

명 경찰

当警察(경찰이 되다)

암기 체크! ☐☐☐

11 qiánbāo
钱包

명 지갑

丢钱包(지갑을 잃어버리다)

암기 체크! ☐☐☐

12 gāo'ěrfūqiú

高尔夫球

암기 체크! ☐☐☐

명 골프

打高尔夫球 = 打高尔夫 (골프를 하다)

Tip 골프는 '高尔夫'라고 할 수도 있다.

 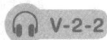

무엇을 주문하시겠습니까?

Nín yào diǎn shénme?

您 要 点 什么?

주문하다

| 궈바오러우
guōbāoròu
锅包肉 | 계란 볶음밥
jīdàn chǎofàn
鸡蛋炒饭 | 탕추리지
tángcù lǐjǐ
糖醋里脊 |

| 스파게티
yìdàlìmiàn
意大利面 | 피자
bǐsà
比萨 | 돌솥밥
shíguōfàn
石锅饭 |

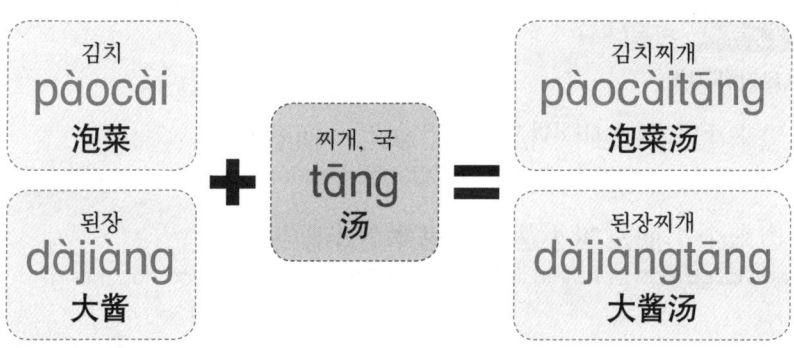

练习 근육 탄탄

1 다음 중 과거의 경험을 나타내는 '过'의 사용이 옳지 <u>않은</u> 것은?

   ❶ 住过饭店　　❷ 在饭店住过　　❸ 没住过饭店　　❹ 住在过饭店

2 아래 표현을 중국어로 바꾸어 표현해 보세요.

   ❶ 그는 김치를 먹어본 적이 없어요.

   　→

   ❷ 그녀는 나에게 중국어를 가르쳐 준 적이 있어요.

   　→

   ❸ 나는 다른 야구 모자를 안 좋아해요.

   　→

   ❹ 남동생은 경찰이 되려고 해요.

   　→

   ❺ 내 친구는 탕추리지 하나를 시켰어요.

   　→

입이 술술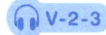

《小松和小丛》

东边来个小朋友叫小松，手里拿着一捆葱。
Dōngbian lái ge xiǎo péngyou jiào Xiǎosōng, shǒu lǐ ná zhe yì kǔn cōng.

西边来个小朋友叫小丛，手里拿着小闹钟。
Xībian lái ge xiǎo péngyou jiào Xiǎocóng, shǒu lǐ ná zhe xiǎo nàozhōng.

정답 확인

1 ❹ 住在过饭店

2 ❶ 他没吃过泡菜。　❷ 她教过我汉语。　❸ 我不喜欢别的棒球帽。　❹ 弟弟要当警察。
　❺ 我朋友点了一个糖醋里脊。

입이 술술 동쪽에서 온 꼬마 친구는 샤오송(小松)이라고 하는데, 손에 파 한 단을 들고 있다.
　　　　　서쪽에서 온 꼬마 친구는 샤오총(小丛)이라고 하는데, 손에 작은 알람 시계를 들고 있다.

第3课 비교문

生词 뼈가 튼튼

V-3-1

1. bǐ 比
개 ~보다 동 비교하다
今天比昨天冷。(오늘은 어제보다 춥다.)
암기 체크! ☐☐☐

2. nánpéngyou 男朋友
명 남자 친구
她没有男朋友。(그녀는 남자 친구가 없다.)
암기 체크! ☐☐☐

3. zuótiān 昨天
명 어제
今天比昨天忙。(오늘은 어제보다 바쁘다.)
암기 체크! ☐☐☐

4. shuài 帅
형 멋있다, 잘생기다
哥哥比弟弟帅。(형이 남동생보다 멋있다.)
암기 체크! ☐☐☐

5. gāo 高
형 (키가) 크다, 높다
爸爸比爷爷高。(아빠가 할아버지보다 키가 크다.)
암기 체크! ☐☐☐

6 ǎi

矮

암기 체크! ☐☐☐

형 (키가) 작다, 낮다

妹妹比姐姐矮。(여동생이 언니보다 키가 작다.)

7 yuǎn

远

암기 체크! ☐☐☐

형 멀다

我家比他家远。(우리 집은 그의 집보다 멀다.)

8 jìn

近

암기 체크! ☐☐☐

형 가깝다

图书馆比宿舍近。(도서관은 기숙사보다 가깝다.)

9 lěng

冷

암기 체크! ☐☐☐

형 춥다, 차다

明天比今天冷。(내일은 오늘보다 춥다.)

10 rè

热

암기 체크! ☐☐☐

형 덥다, 뜨겁다

今天比昨天热。(오늘은 어제보다 덥다.)

11 cāochǎng

操场

명 운동장

学生们在操场上玩儿。(학생들이 운동장에서 논다.)

암기 체크! ☐☐☐

---

12 jiàoshì

教室

명 교실

老师还没来教室。(선생님이 아직 교실에 오지 않았다.)

암기 체크! ☐☐☐

---

13 gèng

更

부 더, 더욱

这个比那个更便宜。(이것은 저것보다 더 싸다.)

암기 체크! ☐☐☐

---

14 shāowēi

稍微

부 조금, 약간, 다소

这个比那个稍微便宜一点儿。
(이것은 저것보다 조금 더 싸다.)

암기 체크! ☐☐☐

---

15 yìdiǎnr

一点儿

수량 약간, 조금

我的房间比他的大(一)点儿。
(내 방은 그의 것보다 좀 커요.)
我看了(一)点儿。(나는 조금 봤어요.)
我吃了(一)点儿面包。(나는 빵을 조금 먹었어요.)

Tip 형용사나 동사 뒤 혹은 동사와 명사 사이에 사용한다. '一'를 생략할 수도 있다.

암기 체크! ☐☐☐

第3课 비교문 **17**

16 yìxiē

一些

암기 체크! ☐☐☐

[수량] 약간, 조금

拿铁比美式咖啡贵一些。
(라떼는 아메리카노보다 조금 비싸다.)
我买了一些。(나는 조금 샀다.)
我早上吃了一些水果。(나는 아침에 과일을 조금 먹었다.)

17 de

得

암기 체크! ☐☐☐

[조] 동사나 형용사 뒤에 사용하여 상태를 나타낸다.

哥哥比弟弟高得多。(형은 동생보다 키가 훨씬 크다.)

> Tip   '得多'는 비자문에서 형용사 뒤에 사용하여 정도가 심함을 나타낸다.

句子 살이 통통

🎧 V-3-2

병음	한자		화폐, 돈		뜻	한자
rénmín	人民	+	bì 币	=	위안화(CNY)	人民币
tái	台				대만 달러(TWD)	台币
gǎng	港				홍콩 달러(HKD)	港币

병음	한자		화폐, 돈		뜻	한자
hán	韩	+	yuán 元	=	원화(KRW)	韩元
měi	美				달러(USD)	美元
rì	日				엔화(JPY)	日元
ōu	欧				유로(EUR)	欧元

파운드(GBP)
yīngbàng
英镑

第3课 비교문

练习 근육 탄탄

1 다음 중 '一点儿'의 사용이 옳지 <u>않은</u> 것은?

　① 今天比昨天冷一点儿　　② 我一点儿累

　③ 我学了一点儿汉语　　　④ 我买了一点儿

2 아래 표현을 중국어로 바꾸어 표현해 보세요.

　① 그녀의 책가방은 내 것보다 더 예쁘다.
　　→

　② 남동생은 형보다 키가 크지 않다.
　　→

　③ 운동장은 기숙사보다 더 가깝다.
　　→

　④ 오늘은 그녀가 예쁜 옷을 입었다.
　　→

　⑤ 나는 10달러를 잃어버렸다.
　　→

입이 술술 V-3-3

《猫和鸟》

地上的猫想咬树上的鸟，
Dì shàng de māo xiǎng yǎo shù shàng de niǎo,

树上的鸟想啄猫的毛。
shù shàng de niǎo xiǎng zhuó māo de máo.

정답 확인

1　② 我一点儿累
2　① 她的书包比我的更漂亮。　② 弟弟没有哥哥高。　③ 操场比宿舍更近。
　　④ 今天她穿了一件漂亮的衣服。　⑤ 我丢了十美元。
입이 술술　땅 위의 고양이는 나무 위의 새를 물려고 한다.
　　　　　　나무 위의 새는 고양이의 털을 쪼려고 한다.

第4课　보어

生词　뼈가 튼튼

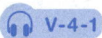 V-4-1

1　jiàn
见

동 보다, 보이다, 만나다

我看见他了。(나는 그를 봤다.)
我去见朋友。(나는 친구를 만나러 간다.)
我听见了。(나는 들었다.)

암기 체크! ☐☐☐

2　dǒng
懂

동 알다, 이해하다

我听懂了。(나는 알아들었다.)
我听得懂。(나는 알아들을 수 있다.)
他懂汉语。(그는 중국어를 안다/알아듣는다.)

암기 체크! ☐☐☐

3　wán
完

동 끝나다, 마치다, 끝내다

我写完作业了。(나는 숙제를 끝냈다.)
完了！我的手机丢了。
(큰 일 났어요! 내 휴대전화를 잃어버렸어요.)

암기 체크! ☐☐☐

4　dào
到

동 도착하다, ~에 이르다

我到家了。(나는 집에 도착했다.)
我看到了。(나는 봤다.)

Tip '看到'는 '看见'과 의미가 같다.

암기 체크! ☐☐☐

5　cuò
错

형 틀리다

我做错了。(내가 잘못했다.)
写错了(잘못 썼다)

암기 체크! ☐☐☐

6 duì
对

형 맞다, 옳다

你说对了。(네 말이 옳다.)
A: 你是韩国人吧? (당신은 한국 사람이죠?)
B: 对, 我是韩国人。(네, 저는 한국 사람이에요.)

암기 체크! ☐☐☐

7 qīngchu
清楚

형 분명하다, 뚜렷하다

我看清楚了。(나는 분명히 보았다.)

암기 체크! ☐☐☐

8 huí
回

동 되돌아가다, 되돌아오다

回家(집에 돌아가다)   回来(돌아오다)
回去(돌아가다)

Tip '来', '去'함께 사용될 때가 많다.

암기 체크! ☐☐☐

9 zhàn
站

동 서다   명 정류장, 정거장

Tip '车站'은 버스 정거장이라는 뜻이다.

암기 체크! ☐☐☐

10 pá
爬

동 기다, 기어가다, 기어오르다

爬山[shān] (등산하다)

Tip 산, 나무 등을 올라가는 동작을 표현할 때 동사 '爬'를 사용할 수 있다.

암기 체크! ☐☐☐

11 qǐlái
起来
암기 체크! ☐☐☐

동 일어나다, 일어서다

站起来(일어서다)
坐起来([누워있는 상태에서] 일어나 앉다)

12 shàngqù
上去
암기 체크! ☐☐☐

동 오르다, 올라가다

爬上去 (기어오르다)

Tip 낮은 곳에서 높은 곳으로, 아래에서 위로 향하는 동작을 표현할 때 사용한다.

13 pǎo
跑
암기 체크! ☐☐☐

동 달리다, 뛰다

Tip '跑了'는 '도망갔다'를 의미한다.

14 shuì
睡
암기 체크! ☐☐☐

동 (잠을) 자다

睡得好(잘 잤다)
睡得早(일찍 잤다)

15 bǎo
饱
암기 체크! ☐☐☐

형 배부르다

我吃饱了。(나는 배부르게 먹었다.)

16 kuài

快

암기 체크! ☐☐☐

형 빠르다

跑得快(빨리 달린다)
你快来!(빨리 와!)

---

17 kāixīn

开心

암기 체크! ☐☐☐

형 기쁘다, 즐겁다

玩得很开心(즐겁게 놀았다)

---

18 liúlì

流利

암기 체크! ☐☐☐

형 유창하다, 막힘이 없다

说汉语说得很流利。(중국어를 유창하게 말한다.)

---

19 gānjìng

干净

암기 체크! ☐☐☐

형 깨끗하다

洗衣服洗得很干净。(옷을 깨끗하게 빨았다.)

---

20 duǎnpǎo

短跑

암기 체크! ☐☐☐

명 단거리 달리기

跑短跑(단거리 달리기를 하다)

21 wǔjiào

午觉

암기 체크! ☐☐☐

명 낮잠

睡午觉(낮잠을 자다)

> Tip '觉'는 '잠'이라는 의미이다. '잠을 자다'는 '睡觉'라고 한다.

22 yóuxì

游戏

암기 체크! ☐☐☐

명 게임, 놀이

玩游戏(게임을 하다)
做/开发游戏(게임을 만들다)
玩手机游戏(휴대전화 게임을 하다)

> Tip '컴퓨터 게임이나 휴대전화 게임을 하다'는 동사 '玩'을 사용한다.

句子 살이 통통

이것은 무슨 색깔입니까?

V-4-2

Zhè shì shénme yánsè?

这 是 什么 颜色?
　　　　　　　　　　　색깔

hóng 红		빨간색 红色
júhuáng 橘黄		주황색 橘黄色
lǜ 绿		녹색 绿色
qiǎnlán 浅蓝	+ 색 sè 色 =	옅은 남색 浅蓝色
shēnlán 深蓝		짙은 남색 深蓝色
zǐ 紫		자주색 紫色
bái 白		흰색 白色
hēi 黑		검은색 黑色

练习 근육 탄탄

1 다음 중 부정형이 옳지 <u>않은</u> 것은?

① 他不看见我   ② 他看不见我

③ 他不看我   ④ 他没看我

2 아래 표현을 중국어로 바꾸어 표현해 보세요.

① 나는 알아듣지 못해요.
→ _____

② 나는 사람을 잘못 봤어요.
→ _____

③ 네 말이 모두 옳아.
→ _____

④ 빨리 일어나세요!
→ _____

⑤ 나는 자주색을 아주 좋아해요.
→ _____

입이 술술

《任命不是人名》

任命是任命，人名是人名。
Rènmìng shì rènmìng, rénmíng shì rénmíng.

任命人名不能错，错了人名错任命。
Rènmìng rénmíng bù néng cuò, cuò le rénmíng cuò rènmìng.

정답 확인

1 ① 他不看见我。

2 ① 我听不懂。 ② 我看错人了。 ③ 你说得都对。
   ④ 快起来！ ⑤ 我很喜欢紫色。

입이 술술 임명은 임명이고, 인명은 인명이다.
인명을 임명하는 것은 틀리면 안 되는데, 인명이 틀리면 임명도 틀린다.

第5课 부사

生词 뼈가 튼튼

🎧 V-5-1

1. bié 别
뷔 ~하지 마라

Tip 금지를 나타낸다. '别…了'의 형태로 자주 사용된다.

암기 체크! ☐☐☐

2. guàng jiē 逛街
거리를 거닐다

Tip '街'는 '거리'를 뜻하고, '逛'은 '거닐다'라는 의미로 예를 들어 서점을 거닐면 '逛书店'이라고 할 수 있다.

암기 체크! ☐☐☐

3. wǎngbā 网吧
명 PC방

Tip '吧'는 '바(bar)'를 음역한 한자로 '술집'은 '酒[jiǔ]吧', '산소카페'는 '氧[yǎng]吧'이고 '북카페'는 '书吧'이다.

암기 체크! ☐☐☐

4. yǎnchànghuì 演唱会
명 콘서트

开演唱会(콘서트를 열다)
去演唱会(콘서트에 가다)

암기 체크! ☐☐☐

5. yǐjīng 已经
뷔 이미, 벌써

他们已经走了。(그들은 이미 갔다.)
我已经吃完了。(나는 벌써 다 먹었다.)

암기 체크! ☐☐☐

6 gānggāng

刚刚

뷔 마침, 이제 금방, 막

您点的菜刚刚好。(당신이 주문한 요리는 지금 막 다 되었다.)
他刚刚走。(그는 이제 금방 갔다.)

암기 체크! ☐☐☐

---

7 mǎshàng

马上

뷔 곧, 즉시, 바로

A: 快点儿来。(어서 와.)
B: 马上。(곧 갈게.)

Tip 회화에서는 단독으로 사용이 가능하다. '구체적인 동작을 곧 할 것이다'를 의미한다.

암기 체크! ☐☐☐

---

8 liú

留

동 남기다, 물려주다, 전하다

留言(말을 남기다, 메세지[메모]를 남기다)
留作业(숙제를 남기다)

암기 체크! ☐☐☐

---

9 diǎn cài

点菜

요리를 주문하다

你点吧。(네가 주문해.)

Tip '点'은 '주문하다'의 의미로 '菜'와 분리하여 사용 가능하다.

암기 체크! ☐☐☐

---

10 cái

才

뷔 이제서야

Tip 일의 발생이나 결말이 늦음을 나타낸다.

암기 체크! ☐☐☐

11　jiù
就
암기 체크! ☐☐☐

뷔 이미, 벌써, 일찍이

他昨天就来了。(그는 어제 벌써 왔다.)

Tip 일이 일찍 일어났거나 일찍 끝마쳤음을 나타낸다. 앞에 왕왕 시간을 나타내는 단어가 온다.

12　nán
难
암기 체크! ☐☐☐

형 어렵다, 힘들다

这道[dào]题太难了。(이 문제는 너무 어렵다.)

13　jìzhù
记住
암기 체크! ☐☐☐

동 확실히 기억해 두다, 똑똑히 암기해 두다

都记住了吗？(모두 기억했니?)

14　huìyì
会议
암기 체크! ☐☐☐

명 회의

Tip 구어에서는 '会'라고도 쓴다. '会议'는 좀 더 공식적인 상황이나 서면어에 주로 사용된다.

15　bìyè
毕业
암기 체크! ☐☐☐

동 졸업하다

大学[dàxué] 毕业 (대학을 졸업하다)

Tip '학교를 졸업하다'를 나타낼 때 '학교+毕业'의 형식을 사용한다.

16 jiǎndān
简单

형 간단하다, 단순하다

这道题很简单。(이 문제는 아주 간단하다.)

암기 체크! ☐☐☐

---

17 dàxué
大学

명 대학

Tip 초등학교는 小学[xiǎoxué], 중·고등학교를 합쳐서 中学[zhōngxué]라고 하고 初中/高中으로 중학교/고등학교를 구분한다.

암기 체크! ☐☐☐

---

18 zěnme
怎么

대 어떻게, 어째서, 왜

地铁站怎么走？(지하철역에 어떻게 가나요?)
他怎么没来上课？(그는 왜 수업에 오지 않았나요?)

Tip 방식, 원인 등을 물을 때 사용된다.

암기 체크! ☐☐☐

---

19 nǚpéngyou
女朋友

명 여자 친구

Tip 남자 친구는 男朋友[nánpéngyou], 여성 친구는 女性朋友[nǚxìng péngyou]라고 한다.

암기 체크! ☐☐☐

---

20 yòu
又

부 또, 다시

Tip 어떤 동작이나 상황이 중복되거나 계속됨을 나타낸다.

암기 체크! ☐☐☐

이 셔츠는 조금 커요.

Zhè jiàn　　chènshān　　yǒudiǎnr　　dà.
这件　　　衬衫　　　　有点儿　　　大。
　　　　　　　　　　　　조금　　　　크다

조금 작은 것은 있나요 없나요?

Yǒu　　méiyǒu　　xiǎo　　yìdiǎnr　　de?
有　　　没有　　　小　　　一点儿　　的?
　　　　　　　　　작다　　　조금

심화 학습

1 一点儿
- '동사 + 一点儿'로 사용될 때 '좀', '조금'의 의미를 나타낸다.
  ⑩ 我买了一点儿东西。 나는 물건을 조금 샀다.
- '형용사 + 一点儿'로 사용될 때 기준보다 '조금 더 ~하다'를 나타낸다.
  ⑩ 这件衣服大一点儿就好。 이 옷이 조금 더 크면 좋겠다.

2 有点儿
- '有点儿+형용사'로 사용될 때 '조금', '약간'의 의미를 나타낸다. 소극적이거나 부정적인 의미를 나타낼 때 사용한다.
  ⑩ 他有点儿后悔。 그는 조금 후회한다.

练习 근육 탄탄

1 다음 중 표현상 옳지 않은 것은?

① 留作业　　② 毕业大学　　③ 有点儿难　　④ 逛书店

2 아래 표현을 중국어로 바꾸어 표현해 보세요.

① 먹지 마.
→

② 콘서트에 가다.
→

③ 너무 어렵다!
→

④ 좀 비싸다.
→

⑤ 어떻게 먹니?
→

입이 술술

《老罗的梨和老李的栗》

老罗拉了一车梨，老李拉了一车栗。
Lǎo Luó lā le yì chē lí, Lǎo Lǐ lā le yì chē lì.

老罗人称大力罗，老李人称李大力。
Lǎo Luó rén chēng dàlì luó, Lǎo Lǐ rén chēng Lǐ dàlì.

老罗拉梨做梨酒，老李拉栗去换梨。
Lǎo Luó lā lí zuò líjiǔ, Lǎo Lǐ lā lì qù huàn lí.

정답 확인

1　② 毕业大学

2　① 别吃了。　② 去演唱会。　③ 太难了！　④ 有点儿贵。　⑤ 怎么吃？

입이 술술　나 씨가 배 한 차를 실어 나르고, 이 씨는 밤 한 차를 실어 날랐다.
　　　　　나 씨를 사람들은 '힘센 나 씨'라고 불렀고, 이 씨를 사람들은 '힘센 이 씨'라고 불렀다.
　　　　　나 씨는 배를 실어 날라 배술을 만들었고, 이 씨는 밤을 실어 날라 배를 바꾸러 갔다.

第6课 개사1

生词 뼈가 튼튼

1. cóng 从 〔개〕 ~부터
- 从今天开始 / 起 (오늘부터)
- 从首尔到北京 (서울에서 베이징까지)
- **Tip** 시간, 장소의 출발점, 기점을 나타낸다. 뒤에는 자주 '开始', '起', '到'가 온다.

암기 체크! □□□

2. fābiǎo 发表 〔동〕 발표하다
- 发表意见[yìjiàn] (의견을 발표하다)

암기 체크! □□□

3. měi 每 〔대〕 매, ~마다
- 每天 (매일)
- 每个星期 (매주)
- 每个月 (매달)

암기 체크! □□□

4. yùndòng 运动 〔동〕 운동하다 〔명〕 운동
- **Tip** '운동하다'의 표현이 동사와 명사로 사용되므로 '运动', '做运动' 모두 가능하다.

암기 체크! □□□

5. chūfā 出发 〔동〕 출발하다
- 我们出发吧! (우리 출발하자!)

암기 체크! □□□

6 xūyào

需要

암기 체크! ☐☐☐

동 필요하다, 요구되다

Tip 명사로도 사용되는데 '욕망, 요구'의 의미를 나타낸다.

---

7 jīchǎng

机场

암기 체크! ☐☐☐

명 공항

坐机场大巴(공항버스를 타다)

---

8 lí

离

암기 체크! ☐☐☐

개 ~에서, ~로부터

我家离机场很近。(우리 집은 공항으로부터 가깝다.)
离高考[gāokǎo]还有三天。(수능까지 아직 3일 남았다.)

Tip 공간이나 시간의 간격, 격차를 나타낸다.

---

9 jiāyóu

加油

암기 체크! ☐☐☐

동 힘을 내다, 파이팅, 응원하다

Tip 비유로 사용된 것이다. 원뜻인 '기름을 넣다, 주유하다'의 의미로도 사용된다.

---

10 duì

对

암기 체크! ☐☐☐

개 ~에 대해, ~에 대하여

我对这件事[shì]不清楚。(나는 이 일에 대해 잘 모른다.)

Tip 동작이나 행위의 대상을 이끌어 낼 때 사용된다. '对…来说'의 고정 형식으로 사용되어 '~에게 있어서'의 의미를 나타낸다.

11 fùzé
负责

형 책임감이 강하다　동 책임을 지다, 맡다

她对工作[gōngzuò]很负责。
(그녀는 일에 대해 매우 책임감이 강하다.)
我们负责去机场接客人[kèrén]。
(우리는 공항에 가 손님을 마중하는 일을 맡았다.)

암기 체크! ☐☐☐

12 gǎn xìngqù
感兴趣

관심이 있다, 흥미가 있다, 좋아하다

Tip '兴趣'는 '흥미'를 나타내어 '흥미가 있다'는 '有兴趣', '흥미가 없다'는 '没(有)兴趣'를 사용한다.

암기 체크! ☐☐☐

13 kǎoshì
考试

동 시험을 치다　명 시험

我们现在开始考试。(우리 지금부터 시험을 보겠다.)
明天有汉语考试。(내일 중국어 시험이 있다.)

암기 체크! ☐☐☐

14 zhòngyào
重要

형 중요하다

重要的事(중요한 일)

암기 체크! ☐☐☐

15 wèi
为

개 ~을 위하여, ~때문에

大家为他准备了一个礼物。
(모두들 그를 위해 선물 하나를 준비했다.)
他为这件事高兴。(그는 이 일로 기뻐하고 있다.)

Tip 행위의 대상 또는 행위의 원인을 나타낸다. 여기에서 행위의 대상은 서비스의 대상이나 이익을 얻는 대상을 가리킨다.

암기 체크! ☐☐☐

16 zháojí
着急

암기 체크! ☐☐☐

동 조급해하다, 안타까워하다

別着急。(조급해하지 마.)

17 wèile
为了

암기 체크! ☐☐☐

개 ~을 위하여

为了孩子，她放弃[fàngqì]了自己的工作。
(아이를 위해 그녀는 자신의 일을 포기했다.)
他去北京，是为了参加朋友的婚礼。
(그가 베이징에 간 것은 친구의 결혼식에 참가하기 위해서이다.)

Tip 목적을 나타낸다. 일반적으로 주어의 앞뒤로 모두 사용할 수 있다. 또 앞에 '是'가 와서 '(是) 为了'의 형태로 사용되어 원인을 설명하는 문장을 만든다.

18 jiànkāng
健康

암기 체크! ☐☐☐

명 건강 형 건강하다

健康最重要。(건강이 제일 중요하다.)
身体健康。(몸이 건강하다.)

19 bǎihuò shāngdiàn
百货商店

암기 체크! ☐☐☐

명 백화점

百货商店在哪儿？(백화점은 어디에 있나요?)

20 duìmiàn
对面

암기 체크! ☐☐☐

명 맞은편, 건너편

银行在马路的对面。(은행은 길 건너편에 있다.)

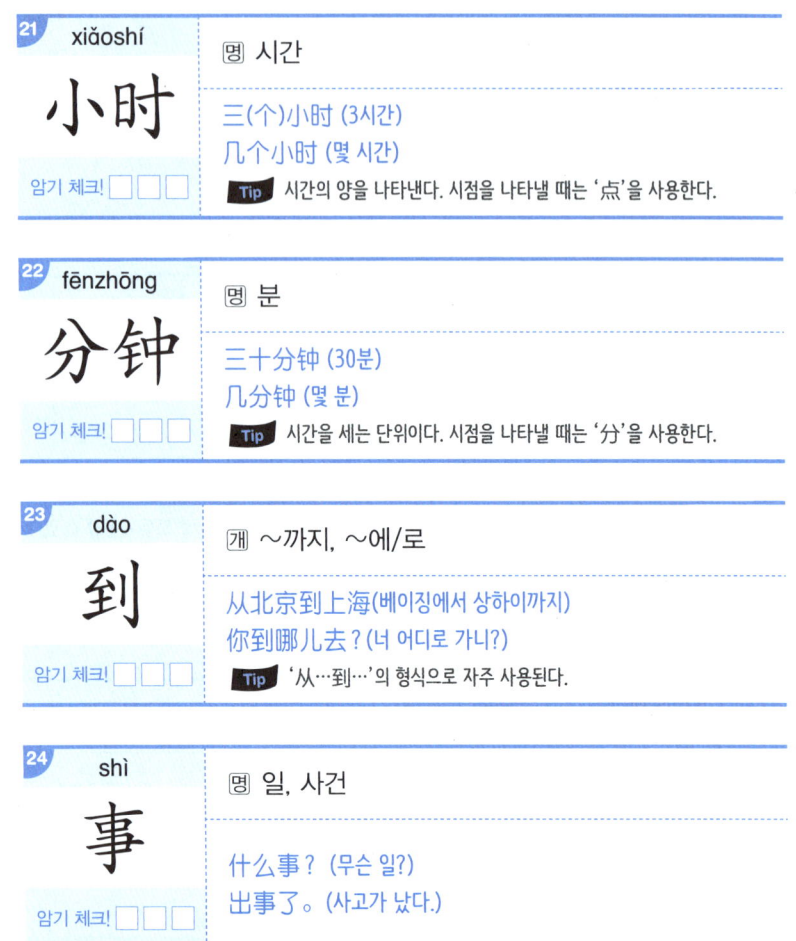

근처에 식당이 있나요 없나요?

Fùjìn yǒu méiyǒu cāntīng?

附近 有 没有 餐厅 ?

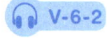

练习 근육 탄탄

1 다음 중 표현상 옳지 <u>않은</u> 것은?

① 每年　　② 每个月　　③ 每个天　　④ 每个星期

2 다음 단어 중 두 가지 품사를 가지고 있지 <u>않은</u> 것은?

① 考试　　② 运动　　③ 健康　　④ 着急

3 아래 표현을 중국어로 바꾸어 표현해 보세요.

① 서울에서 베이징까지
   →

② 건강을 위해 저는 매일 운동해요.
   →

③ 나에게 있어서 이번 시험은 매우 중요하다.
   →

④ 도서관은 은행의 맞은편에 있다.
   →

⑤ 시험까지 아직 일주일 남았다.
   →

입이 술술 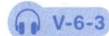 V-6-3

《水上漂着一只表》

水上漂着一只表，表上落着一只鸟。
Shuǐ shàng piāo zhe yì zhǐ biǎo, biǎo shàng luò zhe yì zhī niǎo.

鸟看表，表瞪鸟，鸟不认识表，表也不认识鸟。
Niǎo kàn biǎo, biǎo dèng niǎo, niǎo bú rènshi biǎo, biǎo yě bú rènshi niǎo.

정답 확인

1 ③ 每个天　　2 ④ 着急

2 ① 从首尔到北京　　② 为了健康，我每天(做)运动。　　③ 对我来说，这次考试非常重要。
　 ④ 图书馆在银行的对面。　　⑤ 离考试还有一个星期。

입이 술술　물위에 시계 하나가 떠 있고, 시계 위에는 새 한마리가 내려앉았다.
새는 시계를 보고 있고, 시계는 새를 보고 있는데, 새는 시계를 알지 못하고, 시계도 새를 알지 못한다.

第7课 개사2

生词 뼈가 튼튼

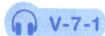 V-7-1

1 gēn
跟

개 ~와(과), ~에게(한테)

我们跟王老师学汉语。(우리는 왕 선생님에게 중국어를 배운다.)
跟昨天比，今天更冷。(어제와 비교하면 오늘은 더욱 춥다.)
접속사 용법: 我跟他都是韩国人。(나와 그는 모두 한국인이다.)

암기 체크! ☐ ☐ ☐

Tip 동작의 대상 또는 비교의 대상을 나타낸다. 이외에 '跟'은 접속사의 용법으로 사용되어 '와(과)'의 의미를 나타낸다.

2 zhǎng
长

동 자라다, 생기다

她长得很漂亮。(그녀는 아주 예쁘게 생겼다.)
他长得很高。(그는 키가 아주 크다.)

암기 체크! ☐ ☐ ☐

Tip 사람을 묘사할 때 '长得…'의 형식으로 사용된다.

3 yíyàng
一样

형 같다, 동일하다

今天跟昨天一样热。(오늘은 어제와 똑같이 덥다.)
他们两个人跑得一样快。(그들은 똑같이 빨리 뛴다.)

암기 체크! ☐ ☐ ☐

4 gěi
给

개 ~에게

下课[xiàkè]以后[yǐhòu]你给我打电话。
(수업이 끝난 후 너는 나한테 전화해.)
我给妈妈买了一件礼物。
(나는 엄마에게 선물 하나를 샀다.)

암기 체크! ☐ ☐ ☐

Tip 동작의 접수자, 수혜자 등을 나타낸다.

5 yóujiàn
邮件

암기 체크! ☐☐☐

명 메일

发[fā]邮件(메일을 발송하다)
电子邮件(이메일)

6 liúxià
留下

암기 체크! ☐☐☐

남기다

留下印象[yìnxiàng](인상을 남기다)

7 shēnkè
深刻

암기 체크! ☐☐☐

형 (인상이) 깊다, (느낌이) 매우 강렬하다

深刻的印象(깊은 인상)

8 jièshào
介绍

암기 체크! ☐☐☐

동 소개하다, 설명하다

自我介绍(자기소개)

9 xiàngmù
项目

암기 체크! ☐☐☐

명 종목, 프로젝트, 사업

体育项目(스포츠 경기 종목)
新项目(신규 사업)

10 bǎ

把

암기 체크! ☐☐☐

⑦ ~을 ~하다

我把作业做完了。(나는 숙제를 다 했다.)

Tip 동사가 미치는 대상을 동사 앞으로 끌어내어 처치를 나타낸다.

---

11 zīliào

资料

암기 체크! ☐☐☐

⑲ 자료

找资料(자료를 찾다)
查[chá]资料(자료를 검색하다)

---

12 guān

关

암기 체크! ☐☐☐

⑧ 닫다, 끄다

关门[mén](문을 닫다) ↔ 开门(문을 열다)

---

13 xiǎngfǎ

想法

암기 체크! ☐☐☐

⑲ 생각, 의견, 견해

你有什么想法?(너는 무슨 견해가 있니?)

---

14 jiǎng

讲

암기 체크! ☐☐☐

⑧ 말하다, 설명하다

讲话(발언하다, 연설하다)
讲清楚(분명하게 설명하다)

Tip '讲'이 '말하다'의 의미로 사용될 때는 주로 한 사람이 말을 하고 다른 사람이 듣는 경우이다.

15 bèi
被

개 ~에게 ~을 당하다(피동)

那本书被他拿走[názǒu]了。
(그 책은 그에 의해 가져가졌다.)

암기 체크! ☐☐☐

16 nòng
弄

동 ~하다

Tip 1) 구체적인 동사를 대신하여 쓰인다.
弄车(차를 인테리어 하다) 弄饭(밥을 하다)
2) '弄得…'의 형식으로 주로 부정적인 결과를 나타내는데 사용된다.
弄得很脏 (아주 더럽게 해 놓았다)

암기 체크! ☐☐☐

17 huā
花

동 쓰다 명 꽃

花时间(시간을 쓰다)
花钱(돈을 쓰다)

암기 체크! ☐☐☐

18 yìnxiàng
印象

명 인상

第[dì]一印象(첫인상)

암기 체크! ☐☐☐

19 mén
门

명 문

开门(문을 열다)
锁[suǒ]门(문을 잠그다)

암기 체크! ☐☐☐

huài

坏

암기 체크! ☐☐☐

형 나쁘다 동 고장 나다, 망가지다

坏人(나쁜 사람)
手机坏了。(휴대전화가 고장 났다.)

 살이 통통

V-7-2

스타벅스에 어떻게 가나요?

Xīngbākè	zěnme	zǒu?
星巴克	怎么	走?
스타벅스	어떻게	가다

스타벅스
Xīngbākè
星巴克

피자헛
Bìshèngkè
必胜客

맥도날드
Màidāngláo
麦当劳

KFC
Kěndéjī
肯德基

하이디라오
Hǎidǐlāo
海底捞

전취덕
Quánjùdé
全聚德

까르푸
Jiālèfú
家乐福

따룬파(R-T MART)
Dàrùnfā
大润发

练习 근육 탄탄

1 다음 표현 중 옳지 <u>않은</u> 것은?

① 我跟你   ② 介绍介绍   ③ 给前走   ④ 找资料

2 아래 표현을 중국어로 바꾸어 표현해 보세요.

① 그녀는 아주 예쁘게 생겼다.
→

② 우리는 왕 선생님한테 영어를 배운다.
→

③ 수업이 끝난 후 너는 엄마에게 전화해.
→

④ 그는 옷을 아주 더럽게 해 놓았다.
→

⑤ 음식은 내가 잘못시켰다.
→

입이 술술 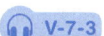 V-7-3

《山前有只虎》

山前有只虎，山下有只猴。
Shān qián yǒu zhī hǔ, shān xià yǒu zhī hóu.

虎撵猴，猴斗虎；虎撵不上猴，猴斗不了虎。
Hǔ niǎn hóu, hóu dòu hǔ; hǔ niǎn bu shàng hóu, hóu dòu buliǎo hǔ.

정답 확인

1 ③ 给前走

2 ① 她长得很漂亮。   ② 我们跟王老师学英语。   ③ 下课以后你给妈妈打电话。
　 ④ 他把衣服弄得很脏。   ⑤ 菜被我点错了。

입이 술술 산 앞에 호랑이 한 마리가 있고, 산 아래 원숭이 한 마리가 있다. 호랑이는 원숭이를 쫓아 내고, 원숭이는 호랑이와 맞서 싸웠다. 호랑이는 원숭이를 쫓아 내지 못했고, 원숭이는 호랑이와 맞서 싸워 이길 수 없었다.

第8课 방향보어

生词 뼈가 튼튼

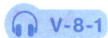

1. ná — 拿
동 (손으로) 쥐다, 잡다

拿去(가져가다)
拿来(가져오다)

암기 체크! ☐ ☐ ☐

2. shù — 树
명 나무

一棵[kē]树(나무 한 그루)
Tip '树'를 세는 양사는 '棵'이다.

암기 체크! ☐ ☐ ☐

3. zhòng — 重
형 무겁다

Tip 重↔轻[qīng] (가볍다)

암기 체크! ☐ ☐ ☐

4. fàng — 放
동 놓아주다, 풀어 주다

放学(수업을 마치다)
放假[jià](방학하다, [학교나 직장이] 쉬다)
Tip '(학교나 직장이) 파하다, 쉬다'의 의미로도 사용된다.

암기 체크! ☐ ☐ ☐

5. jìn — 进
동 (밖에서 안으로) 들다

请进!(들어오세요!)
进来(들어오다)
进去(들어가다)

암기 체크! ☐ ☐ ☐

6 chū
出
암기 체크! ☐☐☐

동 나가다, 나오다

出来(나오다)
出去(나가다)

7 guò
过
암기 체크! ☐☐☐

동 건너다, (지점을) 지나다, 경과하다

过马路(길을 건너다)
过来(건너오다)
过去(건너가다)

8 bàngōngshì
办公室
암기 체크! ☐☐☐

명 사무실

进办公室(사무실에 들어가다)

9 bān
搬
암기 체크! ☐☐☐

동 옮기다, 운반하다

Tip '이사하다'는 중국어로 '搬家'이다.

10 yòng
用
암기 체크! ☐☐☐

명 쓸모, 용도

有用(쓸모가 있다, 유용하다)
没用(효과가 없다, 도움이 안 된다)

11 nǚhái
女孩
암기 체크! ☐☐☐

명 여자아이

女孩 ↔ 男孩[nánhái] (남자아이)

12 yǐhòu
以后
암기 체크! ☐☐☐

명 이후

3个月以后 (3개월 이후)
以后没有见过 (이후에 만난 적이 없다)

Tip 다른 말에 부가되어 시간을 나타내거나 단독으로 사용할 수 있다.

13 xíguàn
习惯
암기 체크! ☐☐☐

동 습관이 되다, 익숙해지다 명 버릇, 습관

习惯一个人吃饭 (혼자 밥 먹는 것에 익숙해지다)
不好的习惯 (안 좋은 습관)

14 chídào
迟到
암기 체크! ☐☐☐

동 지각하다

每次都迟到。(매번 지각한다.)
上课别迟到。(수업에 지각하지 마라.)

15 kāi
开
암기 체크! ☐☐☐

동 열다, 켜다, 운전하다

开窗户[chuānghu] (창문을 열다)
开电视 (TV를 켜다)
开车 (차를 운전하다)

 살이 통통

먼저 ~하고,

Xiān 先	吃饭 ,
	做作业 ,
	打电话 ,

그다음에 ~한다.

ránhòu 然后	看电影 。
	去学校 。
	再去 。

练习 근육 탄탄

1 다음 중 의미의 연결이 옳지 <u>않은</u> 것은?

　① 坐3路: 3호선을 타다　　② 别迟到: 지각하지 마라

　③ 不好的习惯: 안 좋은 습관　　④ 对学习有用: 공부에 쓸모가 있다

2 아래 표현을 중국어로 바꾸어 표현해 보세요.

　① 두 달 이후에 나는 중국에 간다.

　　→

　② 시단역에서 1호선으로 환승한다.

　　→

　③ 그는 매번 지각한다.

　　→

　④ 혼자 영화 보는 것에 익숙해지다.

　　→

　⑤ 먼저 점심을 먹고 그다음에 학교에 간다.

　　→

입이 술술　

《白菜和海带》

买白菜，搭海带，不买海带就别买大白菜。
Mǎi báicài, dā hǎidài, bù mǎi hǎidài jiù bié mǎi dà báicài.

买卖改，不搭卖，不买海带也能买到大白菜
Mǎimai gǎi, bù dā mài, bù mǎi hǎidài yě néng mǎidào dà báicài.

정답 확인

1 ③ 坐3路: 3호선을 타다

2 ① 两个月以后我去中国。　② 在西单站换乘1号线。　③ 他每次都迟到。
　　④ 习惯一个人看电影。　⑤ 先吃午饭，然后去学校。

입이 술술 배추를 사려면 다시마를 같이 사야 한다. 다시마를 사지 않으려면 배추도 사지 말아라.
장사 규칙이 바뀌어 끼워 팔기를 하지 않는다. 다시마를 사지 않아도 배추를 살 수 있다.

第9课 着/在

生词 뼈가 튼튼

🎧 V-9-1

1. chàng gē 唱歌
노래를 부르다

他唱歌唱得很好。(그 사람은 노래를 잘 부른다.)

Tip 唱歌=唱歌儿

암기 체크! ☐☐☐

2. qúnzi 裙子
명 치마

妈妈给我买了一条漂亮的裙子。
(엄마는 나에게 예쁜 치마 하나를 사 주었다.)

Tip 하의는 양사 '条'로 센다.

암기 체크! ☐☐☐

3. zài 在
부 ~하고 있다

在看电影(영화를 보고 있다)
在玩儿游戏(게임을 하고 있다)

Tip 동사 앞에 쓰고, 동작의 진행이나 상태의 지속을 나타낸다.

암기 체크! ☐☐☐

4. shuìzháo 睡着
잠들다

昨晚我一躺下就睡着了。
(어젯밤에 눕자마자 잠이 들었다.)

암기 체크! ☐☐☐

5. rìchéng 日程
명 일정

工作日程(업무 일정)
比赛日程(경기 일정)

암기 체크! ☐☐☐

第9课 着/在 **51**

6 bīngqílín
冰淇淋
암기 체크! ☐☐☐

명 아이스크림

夏天我常常吃冰淇淋。
(여름에 나는 아이스크림을 자주 먹는다.)

7 tiàowǔ
跳舞
암기 체크! ☐☐☐

동 춤추다

他的爱好是跳舞。(그의 취미는 춤추는 것이다.)

8 zhǔnbèi
准备
암기 체크! ☐☐☐

동 준비하다, ~할 계획이다

准备考试(시험을 준비하다)
我准备把那件事告诉大家。
(나는 그 일을 모두에게 알려줄 계획이다.)

9 xǐzǎo
洗澡
암기 체크! ☐☐☐

동 목욕하다

爷爷每天晚上洗澡。
(할아버지는 매일 저녁 목욕하신다.)

10 yánjiū
研究
암기 체크! ☐☐☐

동 연구하다, 탐구하다

研究事情(사건을 연구하다)

11 liǎng guó
两国
암기 체크! ☐☐☐

양국

两国关系(양국 관계)
中韩两国(중한 양국)

12 guānxì
关系
암기 체크! ☐☐☐

명 관계, 사이

朋友关系(친구 사이)
同事关系(회사 동료 사이)
人际[rénjì] 关系(인간 관계)

13 jìhuà
计划
암기 체크! ☐☐☐

동 ~할 계획이다 명 계획

先计划好再做。(먼저 계획을 짜고 그다음에 행동하다.)
工作计划(업무 계획)

14 míngnián
明年
암기 체크! ☐☐☐

명 내년

去年(작년)
今年(올해)

15 jiéhūn
结婚
암기 체크! ☐☐☐

동 결혼하다

小王和小李结婚了。(샤오왕과 샤오리가 결혼했다.)
他们明年结婚。(그들은 내년에 결혼할 것이다.)

16 shuìjiào
睡觉
암기 체크! ☐ ☐ ☐

동 잠을 자다

睡懒[lǎn]觉(늦잠을 자다)

17 zhèngzài
正在
암기 체크! ☐ ☐ ☐

부 지금 ~하고 있다(동작의 진행이나 지속을 나타낸다.)

正在吃饭(밥을 먹고 있다)
正在睡觉(잠을 자고 있다)

18 zhèng
正
암기 체크! ☐ ☐ ☐

부 지금 ~하고 있다(동작의 진행이나 지속을 나타낸다.)

正吃饭呢(밥을 먹고 있다)
正睡觉呢(잠을 자고 있다)

19 ne
呢
암기 체크! ☐ ☐ ☐

조 술문 끝에 동작의 진행이나 지속을 나타낸다.

妈妈在做饭呢。(엄마가 밥을 하고 있다.)
爸爸在看电视呢。(아빠가 TV를 보고 있다.)

베이징은 상하이에서 얼마나 먼가요?

Běijīng lí Shànghǎi duō yuǎn?

北京 离 上海 多 远?
베이징   상하이 얼마나 멀다

러시아는 베이징에서 얼마나 먼가요?

Éluósī lí Běijīng duō yuǎn?

俄罗斯 离 北京 多 远?
러시아   베이징 얼마나 멀다

练习 근육 탄탄

1 다음 중 사용이 옳지 않은 것은?

① 你今年多少？　　　② 多少钱？

③ 学校离这儿多远？　④ 你多高？

2 아래 표현을 중국어로 바꾸어 표현해 보세요.

① 내일의 일정

→

② 그녀는 TV를 보면서 밥을 먹는다.

→

③ 그녀는 지금 춤을 추고 있다.

→

④ 나를 방해하지 말아요.

→

⑤ 여기서 베이징까지 기차를 2시간 타야 해요.

→

입이 술술

《凤凰》

粉红墙上画凤凰，凤凰画在粉红墙。
Fěnhóng qiáng shàng huà fènghuáng, fènghuáng huà zài fěnhóng qiáng.

红凤凰、粉凤凰、粉红凤凰、花凤凰。
Hóng fènghuáng、fěn fènghuáng、fěnhóng fènghuáng、huā fènghuáng.

정답 확인

1 ① 你今年多少?
2 ① 明天的日程　② 她看着电视吃饭。　③ 她正(在)跳舞(呢)。
　④ 别打扰我。　⑤ 从这儿到北京要坐两个小时的火车。

입이 술술　분홍색 벽에 봉황이 그려져 있다. 봉황 그림이 분홍색 벽에 있다.
　　　　　빨간색 봉황, 핑크색 봉황, 분홍색 봉황, 무늬가 있는 봉황.

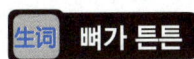 第10课 능원동사1

生词 뼈가 튼튼

🎧 V-10-1

1 xiǎng 想

동 그리워하다 능동 ~하고 싶다

想父母(부모님을 그리워하다)
想回家(집에 가고 싶다)

암기 체크! ☐☐☐

2 jiějué 解决

동 해결하다

解决事情(사건을 해결하다)

암기 체크! ☐☐☐

3 jiǎnféi 减肥

동 살을 빼다, 다이어트하다

Tip 중첩형은 '减减肥'이다.

암기 체크! ☐☐☐

4 shēntǐ 身体

명 몸, 신체

Tip '你身体好吗?'를 사용해 안부를 묻기도 한다.

암기 체크! ☐☐☐

5 hǎochù 好处

명 좋은 점, 이익, 장점

Tip 반대 의미는 '坏处[huàichù]'로 표현한다.

암기 체크! ☐☐☐

6 ānpái
安排
암기 체크! ☐☐☐

동 안배하다, 짜다

安排日程(일정을 짜다)
安排工作(업무를 안배하다)

7 shōushi
收拾
암기 체크! ☐☐☐

동 정리하다, 꾸리다

收拾房间(방을 정리하다)
收拾包(가방을 꾸리다)

Tip 중첩형 '收拾收拾'는 '정리 좀 하다'라는 의미이다.

8 xíngli
行李
암기 체크! ☐☐☐

명 짐

托运[tuōyùn]行李(수화물을 탁송하다)
行李箱[xiāng](캐리어, 여행 가방)

9 shāngliang
商量
암기 체크! ☐☐☐

동 상의하다, 의논하다

Tip 중첩형 '商量商量'은 '상의 좀 하다'라는 의미이다.

10 yào
要
암기 체크! ☐☐☐

동 원하다, 소요하다 능동 ~하려고 하다

Tip '要'의 부정형은 '不要'와 '不想'이 있는데 '不要'는 '~하지 말아라'의 뜻이고, '不想'은 '~하고 싶지 않다'의 뜻이다.

11 píjiǔ
啤酒
암기 체크! ☐☐☐

명 맥주

冰镇[bīngzhèn]啤酒 (시원한 맥주)
啤酒杯 (맥주잔)

12 qiǎokèlì
巧克力
암기 체크! ☐☐☐

명 초콜릿

巧克力蛋糕 (초콜릿 케이크)
热巧克力 (핫초코)

13 zūnzhòng
尊重
암기 체크! ☐☐☐

동 존중하다, 존경하다

尊重老人[lǎorén] (노인을 존중하다)

14 biérén
别人
암기 체크! ☐☐☐

대 타인, 남

Tip 비슷한 의미로 '他人'으로 표현한다.

15 nǔlì
努力
암기 체크! ☐☐☐

형 노력하다, 열심히 하다

努力学习 (열심히 공부하다)
努力工作 (열심히 일하다)

 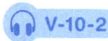

당신은 베이징에 며칠 갑니까?

Nǐ qù Běijīng jǐ tiān?

你 去 北京 几天?

베이징 　며칠

당신은 파리에 며칠 갑니까?

Nǐ qù Bālí jǐ tiān?

你 去 巴黎 几天?

파리 　며칠

练习 근육 탄탄

1 다음 중 사용이 옳지 <u>않은</u> 것은?

❶ 两个年　　❷ 两个月　　❸ 两个星期　　❹ 两天

2 아래 표현을 중국어로 바꾸어 표현해 보세요.

❶ 빨리 짐을 꾸리세요.
→ _____

❷ 우리는 노인을 존경해야 한다.
→ _____

❸ 나는 열심히 일하고 싶다.
→ _____

❹ 그는 두 달 동안 중국에 가려고 한다.
→ _____

❺ 나는 혼자 공부한다.
→ _____

입이 술술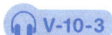

《东西南北》

东运河，西运河，东西运河运东西。
Dōng yùnhé, xī yùnhé, dōngxī yùnhé yùn dōngxi.

南通州，北通州，南北通州通南北。
Nán Tōngzhōu, běi Tōngzhōu, nánběi Tōngzhōu tōng nánběi.

정답 확인

1 ❶ 两个年

2 ❶ 快收拾行李吧。　❷ 我们要尊重老人。　❸ 我想努力工作。
　　❹ 他要去中国两个月。　❺ 我自己一个人学习。

입이 술술 동운하, 서운하, 동서운하에서 물건을 운송한다.
　　　　　　남통저우, 북통저우, 남북통저우가 남북으로 통한다.

第11课 능원동사2

生词 뼈가 튼튼

1 néng 能
동 ~할 수 있다 (능력, 허가, 가능)

我能吃两个苹果。(난 사과 두 개를 먹을 수 있다.)
明天我有事不能来学校。(내일 일이 있어서 학교에 못 온다.)
Tip 부정형은 '不能'이다.

암기 체크!

2 zhōumò 周末
명 주말

这个周末(이번 주 주말)
下个周末(다음 주 주말)

암기 체크!

3 bāng 帮
동 돕다

帮别人(남을 돕다)
Tip 비슷한 의미로 '帮助[bāngzhù]'로 표현한다.

암기 체크!

4 zhàogù 照顾
동 보살피다, 돌보다

照顾孩子(아이를 돌보다)
照顾老人(노인을 보살피다)

암기 체크!

5 háizi 孩子
명 (어린)아이, 자녀

小孩子(어린아이)
女孩子(여자아이)
男孩子(남자아이)

암기 체크!

6 kěyǐ
可以

능동 ~할 수 있다, ~해도 되다

Tip '可以'의 부정형은 '不可以'와 '不能'이 있는데, '不可以'는 '~하면 안 된다'의 뜻이고 '不能'은 '~할 수 없다'의 뜻이다.

암기 체크! ☐☐☐

7 tíng
停

동 멈추다, 그치다, 세우다

Tip '停'은 자동사와 타동사 두 가지 용법이 있는데, 자동사로 사용할 때는 '雨[yǔ]停了(비가 그쳤다)', '雪[xuě]停了(눈이 그쳤다)' 등으로 나타내며, 타동사로 사용할 때는 '停车(차를 세우다)' 등으로 사용할 수 있다.

암기 체크! ☐☐☐

8 lóu
楼

명 (층으로 이루어진 건물의) 층

上楼(위층)
楼下(아래층)

암기 체크! ☐☐☐

9 chōu yān
抽烟

담배를 피우다

请不要抽烟！(담배를 피우지 마세요!)

암기 체크! ☐☐☐

10 huì
会

능동 ~할 줄 알다

Tip 동사 앞에서 학습을 통해 알게 되는 기술이나 능력을 나타낸다. 부정형은 '不会'이다.

암기 체크! ☐☐☐

第11课 능원동사2

11 qí
骑
암기 체크! ☐☐☐

⑧ 타다

骑马(말을 타다)
骑自行车(자전거를 타다)

Tip 교통수단을 탄다는 의미로 '坐'와 다르다. '骑'는 다리를 벌리고 걸터앉는 자세를 말한다.

12 de
的
암기 체크! ☐☐☐

㊅ 진술문 끝에 쓰여 긍정의 어기를 나타낸다.

我会解决这个问题的。(나는 이 문제를 해결할 것이다.)

Tip '会…的' 구조로 자주 같이 쓰인다.

13 hùshi
护士
암기 체크! ☐☐☐

⑲ 간호사

护士长(주임 간호사)

14 hǎohāor
好好儿
암기 체크! ☐☐☐

⑭ 잘, 제대로

好好儿休息(푹 쉬다)
好好儿玩儿(잘 놀다)

15 quán shìjiè
全世界
암기 체크! ☐☐☐

전 세계

闻名[wénmíng]全世界(전 세계적으로 유명하다)

16 guānzhù
关注
암기 체크! ☐☐☐

동 관심을 가지다, 주시하다

Tip 인터넷에서 '팔로우', '언팔로우'의 뜻으로 '关注', '不关注'라고 한다.

---

17 héshì
合适
암기 체크! ☐☐☐

형 적당하다, 적절하다, 알맞다

合适的工作(적절한 직장)
合适的房子(알맞은 집)

---

18 duìxiàng
对象
암기 체크! ☐☐☐

명 (연애의) 상대

找对象(이성 친구를 찾다)

---

19 zhīchí
支持
암기 체크! ☐☐☐

동 지지하다, 응원하다

支持者(지지자)

---

20 zhù
祝
암기 체크! ☐☐☐

동 기원하다, 축복하다

祝你生日快乐！(생일 축하합니다!)

21 zhèng shì

正是

바로 ~이다, 마침 ~이다

来得正是时候。(마침 때맞춰 잘 왔다.)

암기 체크! ☐☐☐

句子 살이 통통

		기념일, 명절		
Chūn 春				춘절 春节
Yúrén 愚人				만우절 愚人节
Láodòng 劳动		Jié 节	=	노동절 劳动节
Zhōngqiū 中秋	+			중추절 中秋节
Guóqìng 国庆				국경절 国庆节
Guānggùn 光棍				광군제(싱글데이) 光棍节
Shèngdàn 圣诞				크리스마스 圣诞节

练习 근육 탄탄

1 다음 중 능원동사의 사용이 옳지 <u>않은</u> 것은?

❶ 我不会开车。　　　　❷ 我不想结婚。

❸ 他明天不能来学校。　❹ 他不要回家。

2 아래 표현을 중국어로 바꾸어 표현해 보세요.

❶ 나는 자전거를 탈 줄 몰라요.
→

❷ 친구들이 너의 생각을 지지할 거야.
→

❸ 저기가 바로 내가 가고 싶은 곳이야.
→

❹ 주말 잘 보내요.
→

❺ 여기서는 담배를 피우면 안 돼요.
→

입이 술술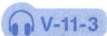

《大刀对单刀》

大刀对单刀，单刀对大刀。
Dàdāo duì dāndāo, dāndāo duì dàdāo.

大刀斗单刀，单刀夺大刀。
Dàdāo dòu dāndāo, dāndāo duó dàdāo.

정답 확인

1　❹ 他不要回家。

2　❶ 我不会骑自行车。　❷ 朋友们会支持你的想法(的)。　❸ 那儿正是我想去的地方。
　　❹ 祝你周末快乐。　❺ 这儿不可以抽烟。

입이 술술　자루가 긴 칼이 짧은 칼과 겨루고, 자루가 짧은 칼이 긴 칼과 겨룬다.
　　　　　자루가 긴 칼이 짧은 칼과 맞서 싸우고, 자루가 짧은 칼이 긴 칼과 다툰다.

 **第12课** 겸어문

生词 뼈가 튼튼

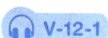

1 yīnyuèhuì
音乐会
암기 체크! ☐☐☐

명 음악회

开音乐会(음악회를 열다)
听音乐会(음악회를 듣다)

2 qǐng
请
암기 체크! ☐☐☐

동 초대하다, 대접하다, 청하다

Tip '请客'는 '한턱내다'라는 뜻으로 사용된다.

3 lǜshī
律师
암기 체크! ☐☐☐

명 변호사

律师会帮我解决这个问题的。
(변호사가 이 문제를 해결해 줄 거야.)

4 shàngtái
上台
암기 체크! ☐☐☐

동 무대 혹은 강단 등에 오르다

请老师上台讲话。
(선생님께서 강단에 올라가서 연설해 주시겠습니다.)

5 yǎnjiǎng
演讲
암기 체크! ☐☐☐

동 연설하다, 강연하다

老师正在教室给学生演讲。
(지금 선생님이 교실에서 학생들에게 강연하고 있다.)

6 jīngcháng
经常
암기 체크! ☐☐☐

튀 늘, 항상, 자주

经常迟到(자주 지각하다)
经常运动(자주 운동하다)

7 ràng
让
암기 체크! ☐☐☐

동 ~하게 하다, ~하도록 시키다, ~하라고 하다

妈妈不让我玩电脑游戏。
(엄마가 컴퓨터 게임을 못하게 한다.)

8 qiántái
前台
암기 체크! ☐☐☐

명 (호텔 등의) 카운터, 프런트

酒店[jiǔdiàn]前台(호텔 카운터)

9 tàng
趟
암기 체크! ☐☐☐

양 번, 차례

他打算去一趟上海。(그가 상하이에 한 번 다녀오려고 한다.)
Tip 왕복한 횟수를 세는 데 쓰인다.

10 bàogào
报告
암기 체크! ☐☐☐

명 보고, 리포트   동 보고하다, 발표하다

我的报告已经准备好了。(내 리포트는 이미 준비되었다.)
有事情要马上报告。(일이 있으면 바로 보고해야 한다.)

11. jiào
叫

동 ~하게 하다, ~하도록 시키다, ~라고 하다

妈妈叫我早点睡觉。(엄마가 일찍 자라고 한다.)
老师叫我去办公室。(선생님이 사무실로 오라고 한다.)

암기 체크! ☐☐☐

12. sūnzi
孙子

명 손자

他有三个孙子。(그는 3명의 손자가 있다.)
Tip 손녀는 '孙女'라고 한다.

암기 체크! ☐☐☐

13. zhǔ
煮

동 삶다, 끓이다

煮熟[shú] (삶아 익히다)

암기 체크! ☐☐☐

14. fāngbiànmiàn
方便面

명 라면

买一包方便面 (라면 한봉지를 사다)
Tip 주로 양사 '包'와 같이 쓰인다.

암기 체크! ☐☐☐

 살이 통통

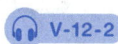

생일 축하합니다!

Zhù nǐ shēngrì kuàilè!

祝 你 生日 快乐!
　　　　생일　즐겁다

새해 복 많이 받으세요!

Xīnnián kuàilè!

新年 快乐!
새해　즐겁다

练习 근육 탄탄

1 다음 중 사용이 옳지 <u>않은</u> 것은?

① 上班　　② 上课　　③ 上生日　　④ 上台

2 아래 표현을 중국어로 바꾸어 표현해 보세요.

① 선생님이 나보고 사무실로 오라고 한다.
→

② 언니가 나에게 밥을 하라고 했다.
→

③ 우리 다음 번에 가자.
→

④ 오늘 내가 너에게 술을 살게.
→

⑤ 엄마는 내가 TV 보는 것을 좋아하지 않는다.
→

입이 술술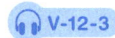

《三山四水》

三山屹四水，四水绕三山；
Sān shān yì sì shuǐ, sì shuǐ rào sān shān;

三山四水春常在，四水三山四时春。
Sān shān sì shuǐ chūn cháng zài, sì shuǐ sān shān sì shí chūn.

정답 확인

1　③ 上生日
2　① 老师叫(让)我去办公室。　② 姐姐让(叫)我做饭。　③ 我们下次去吧。
　　④ 今天我请你喝酒。　⑤ 妈妈不喜欢我看电视。

입이 술술　3개의 산은 4개의 강을 (뚫고) 우뚝 솟아 있고, 4개의 강은 3개의 산을 두르고 있다.
　　　　　3개의 산과 4개의 강에는 항상 봄이 머무르고, 4개의 강과 3개의 산은 사계절 내내 봄이다.